100세 시대, 어떻게 살까?
정의사회, 교육혁명을 위하여!

영원한 소년

늘샘 변상호 제2수필집

국립중앙도서관 출판예정도서목록(CIP)

영원한 소년 : 늘샘 변상호 수필집 / 지은이: 변상호. —
대전 : 오늘의문학사, 2018
p. ; cm

대전광역시와 대전문화재단에서 사업비일부를 지원 받았음
ISBN 978-89-5669-983-7 03810 : ₩15000

한국 현대 수필[韓國現代隨筆]

814.7-KDC6
895.745-DDC23 CIP2019001869

늘샘 변상호 글쓰기 60주년 기념

영원한 소년

늘샘 변상호 제2수필집

영원한 동반자가 됩시다

금년은 생애 최고의 해였습니다. 컴맹이라 컴퓨터, 스마트폰 교육을 몇 개월 배웠고, 홍사단에 입단하여 여러 행사에 참여하고, 특강을 통하여 도산 안창호 선생의 참 삶을 알 수 있었습니다. 도산의 어록을 중심으로 「청년들이여, 낙망하지 말라!」는 김용복 작, 김기출 연출로 2차례 연극 공연을 하여 감동, 감화를 준 것은 잘한 일이었습니다.

더한힘 리더십 교육을 3개월 받고 강사가 되어 계속 배울 수 있었고, 잠재력을 키우고 자신감을 갖게 된 것은 최대의 행운이었습니다. 이 교육을 받은 후 내가 하는 일은 모든 일이 뜻대로 잘 되었으며, 나를 가르친 김종욱 원장은 한국의 교육을 혁신시킬 선구자로 천안, 서울로 진출, 전국화되길 소망합니다.

한밭에 세워진 다산학당 제1기 수강생이 된 것도 일생일대 가장 잘한 일로, 앞으로 무슨 일을 어떻게 하며 살 것인가 다산의 애민정신과 실사구시의 철학은 우리 현실에 꽃피워야 함을 알았고, 여러 목민회원들을 만나고 다산의 생가와 유배지를 오가며 쌓은 우정은 행복을 주었습니다.

세종대왕 즉위 600돌 기념사업회를 창립, 축제와 세종애민문화대상 시상식을 성대히 치른 것은 한글의 은혜를 잊지 않는 것으로 뜻을 같이한 김기복 대회장과 금강일보 윤성국 사장, 사재동·김용복·리헌석 문우에게 감사드립니다.

늘샘 변상호

차례

제1부 세종대왕 즉위 600주년 기념 축제와 세종 애민사상

제2부 더한 힘·다산학당과 새 인생

차례

제3부 나의 첫사랑

제4부 캐나다 통신

제5부 변상호 평전 / 편지

제6부 변상호의 작품 세계

1부

세종대왕 즉위 600주년 기념 축제와 세종 애민사상

무병장수가 최고의 성공이며
행복이라고, 하루 종일 틈틈이
운동·노래를 즐기며 재미있게
사는 열정적 사내, 늘샘

늙지 않는 길·1

옛날 진시황은 오래 살고 죽지 않는 약을 찾아 세계를 헤매고 제주도에까지 사람을 보냈으나 허사였다.

인간은 누구나 무병장수에 젊고 싱싱한 청춘으로 살기를 원하나 뜻대로 되는 건 아니다. 그러나 불가능한 일도 아니기에, 더러 회춘하는 사람도 있기에 희망은 누구에게나 있는 것이다.

나를 잘 아는 친구나 지인들이 "날이 갈수록 젊어진다. 좋아졌다." 부러워하고 칭송하는 분이 많은데 정말 그럴까? 겉치레 인사는 아닐까? 나 자신, 세월은 흘러가도 달이 바뀌고 해가 바뀌어도 별다른 이상은 없으니, 언제나 그저 그렇게 건강하고 재미있게 살고 있으니 그럴 듯하다.

가난했던 사람이 큰 부자가 되고, 배우지 못하여 무식한 사람이 박사가 되듯, 병들고 허약한 사람이 무병장수하고, 아주 건강한 사람이 많아지는 것은 왜일까? 변화하려고 최선을 다했기 때문이리라.

나도 우울증 등 일곱 가지 큰 병에 오랫동안 시달리고 괴로운 삶을 살았었기에, 죽음 직전까지 가고, 사후까지 걱정하고 유언까지 하였었기에 기적처럼 살아난, 지금에도 건강관리는 잘하고 있는 편이다. 파킨스, 위궤양 등이 어떻게 기적처럼 나았을까? 그건 아주 상식적이지만 몇십 년 동안 하루 서너 갑씩 피우던 담배를 딱 끊고, 음식은 천천히 꼭꼭 씹어 먹고, 꾸준히 생활체조, 에어로빅, 걷기, 달리기, 지압 등 온 몸을 움직이고 자극하기를 틈만 나면 한 때문이 아닐까?

노래를 틈만 나면 노래를 듣고 부르며 생활화했고, 흔들고 춤추고 언제나 건강을 위해서라면 시간과 돈과 지식을 아낌없이 투자하고 있다. 건강 상식을 알고 그것을 실천한 때문일 것이다. 최대의 성공은 건강하게 젊게 웃으며 즐겁게 사는 것. 오래 사는 것이 최고의 행복이요 성공이라고 믿기 때문이다.

대전시 탄생 100주년 기념사업회를 만들고, 대전 100년사와 대전을 빛낸 인물 100명을 선정하는 등 대전의 역사를 알고 발전시키려는 사업(아직은 미완성이다), 그리고 세종대왕 즉위 600주년 기념사업회를 조직하고 기념축제와 세종애민문화상을 이십여명의 저명인사, 사회에 봉사 공헌한 분들께 상을 드리게 된 것, 금강일보에서 행사내용을 전면광고로 다섯 차례 내준 것. 다산학당, 더한힘리더십 연구원, 시민대학 등 쉬지 않고 여러 강의를 듣고 배우며, 학우와 동지들을 만나니 나날이 새 힘이 솟고, 즐거운 생활을 하니 이 세상에서 가장 행복한 사람이 아닌가?

늙지 않는 길·2

김영훈 문학박사는 '영원한 소년, 변상호 동극작가의 삶과 문학'이란 글제로 1982년에 처음 만남부터 지금까지 나를 보면서 느낀 얘기를 썼다.

집 나이로 82세인데 해맑은 웃음, 천진스런 미소가 있기에 아직 소년이다. 일생을 아이의 마음으로 어린이와 함께 살아온 한결같은 삶, 그는 천진한 삶을 산 소년이다. 80의 나이를 넘긴 지금도, 그는 유소년의 마음으로 덩실덩실 춤을 춘다. 신나게 노래를 부른다. 필자뿐만 아니라 일생을 함께하고 있는 우리 대전·충남 아동문학회 회원들은 이구동성으로 그렇게 말하고 있다. 여러 작품을 내고 문단생활을 하면서 밝고 천진하게 살고 있다. (후략)

변상호 작가는 상에 연연하는 사람이 아니다. 그저 사람이 좋고, 예술이 좋고, 문학이 좋아 신명나게 일하면서 봉사하는 삶을 살아 온 사람이다.

그보다 더 중요한 것은 그가 일생을 소년의 모습으로 동심을 간직하며 살아왔다는 것이 더 훌륭하다. 그는 현재도 에어로빅, 생활체조, 노래교실, 컴퓨터교실에 다니고 대전시민대학에서 필자가 개설한 아동문학 강좌에 안현심 시인의 시 창작 강좌에, 한밭대에서 김선호 교수의 문예창작 강좌에 계속 다니며 평생교육의 기쁨을 누리며 살고 있으니 행복하게 바쁘게 산다. 더한힘 리더십 연구원에서 교육을 받고 정강사로 가르치고 있으며 다산학당에서도 개근하고 최고 연령 학생이라 두 가지 상을 받았다니 노익장이 아닌가?

김박사가 정확하게 보고 느낌까지 진솔하게 썼는데 한치의 오차도 없다. 나는 정말 세월은 흘러가도 맘과 몸이 늙지는 않는 것 같다.

언제나, 어디서나 즐겁고 신명나고 기쁨과 희망이 샘솟기 때문에 근심걱정과도 거리가 멀고 몸도 가볍다. 청춘 같다.

나도 남들처럼 근심, 걱정, 아픔, 고통, 슬픔, 고독 같은 것이 적지 않지만, '걱정 많이 한다고 해결되는 것은 아무것도 없으니, 이해하고 포기하고, 최선이 아니면 차선, 차차선을 찾으면 무슨 일이든지 안되는 게 없다.'고 생각한다.

나는 누구에게든 좋은 말만 하고, 기분 나쁜 얘기도 거의 하지 않고 산다. 집에선 더욱 그렇다. 아내에게도 '당신은 세계에서 제일 예쁜 여자라 난 참 행복해. 음식 솜씨도 세계에서 최고라 뭐든지 맛있어.' 자주 하는 칭찬인데, 실제로 그런 것 같다. 손발도 자주 씻고, 화장도 진하게 하고 예뻐지려고 애쓰는 것 같은 아내는 언제나 귀엽다.

철이 늦게 들어서 새벽 일찍 일어나면 밥도 짓고, 찬도 만들고 설거지, 청소, 채소 가꾸기 등 집안일도 즐거운 맘으로 하고, 무슨 말이든 절대 순종한다.

'아니야, 노오'는 거의 없다. 왜? 치매에 걸린 아내를 모시고 손잡고 다니는 친구를 보면 내 아내는 하느님이다. 나에게 완전한 자유와 행복을 주는 여성이니까. 고마울 수밖에.

아들도 직업은 시원찮지만 먹고살 만하고 자주 병원에서 약도 사오고 불편한 어머니를 위해 산에도 가고 나들이도 자주 같이 가는 효심이 있기에 만족한다. 손자가 없지만 며느리도 이해한다. '세상사는 것이 힘들어서' 자식을 안 낳는 것 같은데 왜 그러냐고 물어보지도 않는다.

가끔 허전하고, '이제 내 후손은 없다.'고 탄식도 나오지만 외손자 하나는 있으니까 다행이다. 캐나다로 이민 간 딸이 중학교 영어 선생을 하다가 독학해서 국제변호사가 된 것도 좋고, 외손자 준하가 초등학교 2학년 때 이민 갔는데 어느새 커서 토론토 대학을 졸업하고, 경찰관이 되려고 시험공부를 한다니 다행이다. 걱정 안 하고 기다린다.

나는 부지런히 여기저기 쏘다닌다. 30여 개의 모임이나 단체가 있어 하루에 한두 가지, 한두 사람 만나지 않는 날이 없다. 그 모임은 거의 다 즐거운 모임이고, 즐거운 모임이 되도록 힘쓴다.

인생이란 즐겁게 신나게 뜻있게 보람있게 사는 게 좋다고 믿기에 언제나 어디서나 나는 행복하다. 내 몸을 틈나는 대로 움직이고 만지고 지압하고 건강에 도움이 된다면 새벽이나 한낮이나 작은 아령을 들고 걷고, 뛰고, 쉬다가 또 걸으니 늙을 새가 없는 것일까?

회춘아, 부탁해

인간은 누구나 무병장수하고 청춘으로 싱싱하게 살기를 소망한다. 그러나 인간이 바라는 대로 몸과 마음이 늙지 않고 오래 사는 길은 있을까?

나는 어려서부터 소심하고 심약하여 제대로 말도 못하고 얌전하기만 하였으나 탁구, 야구, 축구, 달리기 등을 초·중·고등학교나 동네에서 친구들과 자주했기에 별탈없이 성장하였다.

20여년 전부터 불면증, 수전증, 우울증, 파킨슨증후군, 위염, 위궤양 등 여러 가지 병마와 싸우다가 죽을 고비까지 몇 번 넘기고, 기적처럼 서서히 살아났다. 그건 효동 노래교실에서 일주일에 두 번씩 몇 달 다니며, 소리소리 지르고 흔들었더니 살아난 것이다.

아주 가난하게 산 사람이 큰 부자가 되고, 허약하게 산 사람, 잦은 병치레를 한 사람이 건강관리 잘하여 무병장수하듯, 나도 죽음 직전까지 갔었기에 죽을 날이 얼마 남지 않았다고 걱정하는 가족과 친지들이 많았으나 용케 살아난 것이다.

지금은 83세인데 십 년은 젊게 보이고 나날이 젊어진다는 말을 듣는다. 심지어 80 넘은 소년이라는 지인도 있으니 회춘하는 것일까?

회춘아, 응원해 다오. 회춘아, 부탁해.

한글부터 올바로 가르쳐야

지금 어린이들은 스승님과 부모님께 시달리며 살고 있지만 웃음을 잃지 않으려 애쓰고 있습니다. 학교에서는 급우들이 공부 잘 하면 공부 잘한다고, 잘 생겼으면 잘 생겼다고 질투하고 괴롭히고, 공부 못하고 못 생겼으면 바보라고 깔보며 왕따시키고 있습니다. 부모님, 스승님께 말씀 드렸다가는 더 심한 괴롭힘을 당할까 봐 끙끙 앓고 있습니다. 군사정권 때 반벙어리 신세와 비슷합니다.

초중고 학생들이 왕따를 못 견디고 우울증에 걸리고, 정신병원으로 가고, 자살까지 하지 않습니까?

스승님이 매를 들면 "돈 많이 벌어요? 때리기만 하면 당장 고소할 테니까요."라고 대들고, 잘못하면 부모가 달려와서 소란을 피우고 구타까지 하는데 어떻게 매를 대겠습니까?

급우를 칼로 찔러 죽이고, 교무실로 가서 지난해의 담임이 꾸중을 심하게 했다고 칼로 찌른 사건 알고 계시지요? 성범죄, 강·절도, 자살, 살인 등 강력범죄가 10만 건이 넘는다는 사실, 낙태, 미혼모가 버린 아이가 100만 명이라면 믿겠습니까? 그런데 우리 부모들은 자식들 출세시키려고 파출부를 해서라도 과외시키고, 이것저것 가르치려 애쓰고, 해외 조기유학·연수를 시키고, 영어 발음 잘하라고 멀쩡한 혀를 수술하기도 하면서 과잉보호합니다. 이것은 과욕이며 결코 참사랑이 아닙니다.

자녀와 함께 해외로 나간 어머니 때문에 기러기 아빠가 되어 고생고생하다가 이혼하거나 자살하여 가정이 파탄 되는 경우는 또 얼마나 많은가요? 영어 열풍은 '미친 영어 학습' 광고처럼 부모님을 미치게 하고 있습니다. 왜 외국인과 대화도 못하느냐 물으면 시험에 대화가 잘 안 나오니까 입시 공부만 시키기 때문이지요.

그런데 이제 한자 장사꾼들이 한자 경시대회에 10만 명이 몰려와 1만 5000원씩 내고 급수를 따로 둬 자격시험을 치르게 하니 학교에선 한자를 죽어라 쓰게 하고, 학원에 보내고 학습지를 사서 보게 하는 등 난리를 피우지 않을 수 없습니다.

지금도 중학교에서 한문을 배우고 있으며 초등학교에서도 아침자습, 특별활동을 통해 배우고 싶은 학생은 얼마든지 배울 수 있습니다. 한자에 중독된 어른들이 걸핏하면 한·중·일 문화권을 거론하면서 한자를 모르면 동양문화권에서 탈락한다는 헛걱정을 하는데 무한경쟁시대도 세계문화권을 향한 영어는 어쩔 수 없으나 한자의 굴레에 선 벗어나야 합니다.

그리고 한자와 중국어는 다릅니다. 일본 말과 중국 말, 러시아 말 등 세계 각국의 말을 배우는 것은 필요하나 국어를 완전히 익힌 중등학교에서 배워야 합니다. 한자장사꾼에 속지 말고 한글전용, 국어사랑에 더 힘씁시다.

한글, 한류 타고 세계로

'유네스코 세종대왕 문해상'은 인류의 문맹률을 낮추는 데 공을 세운 단체나 개인에게 수여하는 상 이름이다. 세계인의 최우수 문자로 인정한 한글은 소리문자로써, 어느 나라의 말이든지 소리 나는 대로 적을 수 있는 과학성이 유독 돋보이는 언어다. 정보통신시대에 한글은 풍부한 언어생활, 재미있는 소통에 도움을 주는 보배가 되었다.

인터넷 통신언어가 대중적으로 확산된 지 벌써 20년이 흘렀다. 처음엔 한글 파괴의 주범으로도 몰렸으나 이제는 상황이 다르다. 노년층도 통신언어를 접하는 기회가 늘었다. 스마트폰으로 시간과 장소를 가리지 않고 편하게 모바일 인터넷을 이용한다.

한자나 일본어로는 재미를 누리기 어려우나 한글 모아쓰기 방식은 긴 표현을 짧게 줄이는 데도 유리하다. SNS에서 한글을 재미있게 효과적으로 쓸 수 있는 것도 한국인에게 크나큰 행운이 아닐 수 없다.

미국 코리아타운에 있는 뉴욕 한국어교육원 관계자는는 '한국 대중 음악(K-POP)과 드라마가 좋아 한국어를 배우려는 미국인이 해마다 늘고 있다'고 하고 2천 년대 중반 이후 불기 시작한 한류 열풍이 한국어 학습 열기로 이어지고 있다고 한다.

삼성, 현대 자동차 등 글로벌 기업의 활약과 한류 열풍이 한국어 공부에 대한 인식을 바꿔 놓았다는 것이 미국 초등학교 한국어방송이 2배로 뛰었는데 뉴요커들은 '한글이 너무 예뻐' 열공하고 교포 자녀들도 모국어에 대한 자부심을 갖는다고 한다.

한국어 열풍은 세계 전역으로 확산되고 있는데 몽골에서도 3년차 '한국어 스마트 교실' 사업이 활력을 받아 몽골서 교육한류 확산에 기여하고 성공적 ODA(Official Development Assistance)가 자산을 늘렸다고 평가된다. 교육한류를 선도하는 경기도가 열정을 쏟아 한어 스마트교실 사업이 더욱 발전할 것 같다. 한국은 지구촌 한국어 교실 외국인에게 한국어 교육 봉사하는 시민이 늘어 반갑기 그지없다.

그런데 남북은 한글을 함께 사용하는 한민족이 틀림없으나 오랫동안 고착된 정치체제와 사회제도의 차이 때문에 알아듣기 어려운 어휘도 많고, 표준어와 문화어로 지정하여 사용하고 있다. 한국은 1945년부터 10월 9일을 한글날로 북한은 1월 15일을 훈민정음 창제일로 정하였으나 민족의 말글은 한뿌리이기에 남북언어 통합도 추진해야 할 우리의 사명이다.

대전의 뿌리공원엔 효문화체험학습관이 있어 수십만 명이 뿌리공원축제와 성씨 조각물 박물관이 있어 관광을 온다. 그런데 체험관 입구 측면에 손수자 선생의 추사체 한시 작품이 12편이 전시되어 있는데 하단에 작은 글씨로 해설이 써 있으나, 잘 보이지 않고 작품은 한학자 외에도 읽을 수 없는 난해한 글이다. 유치원, 초등학생 체험관에 효행에 관한 사진, 그림, 시, 시화로 시급히 교체돼야 할 것이다. 수년이 흘렀건만 지적하는 사람이 없는 무관심의 한 단면 같아 안타깝다.

독서의 향기

세상이 날로 어지러운 것은 생각 없는 사람들이 많기 때문이다. 좋은 책을 많이 읽을 때 정신적으로 건강을 누리고 지혜의 샘이 솟고 희망과 용기가 생긴다. 요즘에 시청각 기기의 홍수 속에 독서가 실종되어 가고 독서교육이 부실한 현실에서 갈마도서관이 독서운동을 펼치는 것은 참으로 다행한 일이다.

처음 시행한 독후감 공모에 280여 명이 참가한데 놀랍고 고무적인 일이라 생각된다. 내용에 있어서도 할 수 없이 응모하기 위해서 쓴 글보다는 자신의 생각을 소신 있게 표현한 작품들이 많았다. 감상문 형식, 편지글 형식, 논설문 형식, 시 형식 등 다양한 형식으로 자유롭게 표현하는 것도 재미있었다.

그런데 이야기의 줄거리를 간추려 쓴 뒤에 간단한 생각이나 느낌을 반성문처럼 쓴 글, 이야기의 차례에 따라 생각이나 느낌을 쓴 글, 감상뉴 앞에 책을 읽게 된 동기를 밝히면서 숙제 때문에 부모님의 권유로 읽었다는 자연스럽지 못하고 내용과 어울리지도 않은 글, 너무 작은 글씨로서 읽기에 불편한 글은 앞으로 고쳐나가야 하겠다.

좋은 독후감은 먼저 주제를 바르게 파악하고 주제와 관련이 깊은 장면을 중심으로 생각하며 느낀 것을 진솔하게 써야 한다. 옳고 그름,

좋고 나쁨, 기쁨과 슬픔 같은 자신의 생각을 소신 있게 쓴 글이 뭉클한 감동을 주는데 이런 작품이 많았다.

그 다음으로 같은 글을 썼어도 표현이 신선하고 말을 골라 알맞게 쓰면 가슴을 꼭꼭 찌르기 마련이다. 흔히 문장 표현력이 뛰어나다고 하는데 주인공과 대화도 나누고 참된 진리도 배우며 나의 생활과 비교하면서 되돌아보고 본받을 내용을 쓴 글도 많았다.

글이 처음부터 끝까지 흐트러지지 않고 쓴 글의 차례에 맞추어 기승전결을 통해 재구성하고 주제를 드러낼 수 있는 독창성도 있는지 한편 한편 살펴보았다. 이러한 심사기준에 맞추어 최우수, 우수, 장려상으로 뽑는데 심사위원들의 의견이 일치하였다. 오늘 입상한 여러분께 진심으로 축하하고, 뽑히지 못한 작품 중에도 아까운 좋은 글이 많았음은 안타까울 뿐이다. 앞으로 더욱 정진하기 바란다.

성군 세종대왕은 우리의 신

세종대왕은 우리 겨레에게 가장 필요하고 소중한 한글을 만드셨다. 우리나라는 물론이고 세계인들이 과학적이고 독창적인 한글의 우수성을 높이 평가하고 한글을 초·중·고·대학에서 가르치는 나라가 늘고 있다. 한류를 타고 전 세계로 펼쳐 나가는 예술은 싸이에 이어 문화 훈장을 받은 방탄소년단의 노래에도 열광하고 있다.

“널 위해서라면 난 슬퍼도 기쁜 척할 수가 있었어”

또박 또박 한국어로 발음하는 4만여 명의 관객들, 뉴욕 시티필드 스타디움에 모인 관객들이 함께 불렀다. 곳곳에는 한글로 쓰인 응원 문구가 눈에 띄고 ‘한국어를 배우자, 멋지다’는 소리가 늘고 있으니 기쁜 소식 아닌가?

정보화시대에 세계 10대 경제대국이 된 것도 한글의 편리함과 과학성이 큰 기여를 하였건만, 한글의 은혜를 모르는 사람들이 외래어를 많이 쓰는 것 같아 씁쓸하다. 말은 민족의 정신이요, 글은 민족의 생명이기에 우리는 영원불멸 승승장구 할 수 있음을 알아야 한다.

세종대왕은 1397년 4월 10일 태종(정안대군)의 셋째 아들로 태어나 1418년에 왕위에 오르니 꼭 600년 전이다. 32년간 나라를 다스렸는데 한글 창제 등 백성을 위하여 밤낮 가리지 않고, 찬란한 문화예술과

과학, 농업, 의학 등을 발전시켰다. 한글을 쓰는 우리 국민은 참으로 행복하다. 전 세계에서 가장 단순하며 가장 훌륭한 글자라고 노벨문학상 수상자인 펄벅 여사도 말했다.

그러나 세종대왕 즉위 600돌을 맞건만 정부는 별다른 축하잔치는 안 하고 조폐공사로 하여금 금메달은 275만원, 은메달은 264만원 받고 제작 판매할 뿐이다. 심지어 대전시의 경우 시장이 주는 한글발전유공상도 시청에서 주지 않고 중국집에서 전달했다. 한말글 모임 회원들 잔치로 끝났으니 얼마나 한글을 홀대하는 것인가?

뒤늦게 시의원의 건의로 간소한 행사를 했다 한다. 한글과 세종대왕의 위대하고 소중함을 잘 모르는 국민들을 위하여, 외솔회, 한글학회, 세종대왕 기념사업회, 한글재단, 한말글사랑 한밭모임 등 애국, 애민, 애문 단체들과 함께 새 나라 새 마음 한겨레 사랑운동을 펼치고 싶다. 특히 세종대왕의 뜻을 받들어 각계각층에서 불철주야 땀 흘리고 애쓰는 국민들을 찾아 자랑스러운 세종대왕 애민문화상을 주고 싶다. 그분들을 응원하고 격려하여 100년 후에도 우리 겨레가 더욱 행복하고 평화롭게 살아가기 위함이다. 세종대왕의 업적을 다시 그리며 미래 100년을 준비하는 모임을 함께 만들고 싶다.

세종대왕은 32년간 옥좌에 있으면서 백성을 위하여 무슨 일을 하였는지 살펴보자.

1. 세종은 3년에 한 번씩 문과, 무과, 잡과의 과거시험을 통하여 인재를 뽑았는데 전국의 관찰사에게 명하여 학식과 덕행이 뛰어난 인재를 뽑아 쓸 수 있는 도천법 제도를 만들어 나라의 기틀을 더욱 튼튼히 하였다.

2. 세종은 나라의 원동력인 백성이 똑똑해야 튼튼한 나라를 이룩

할 수 있다, 백성을 가르치려면 훌륭한 책이 있어야 한다, 그래서 정인지, 김종서 같은 학사들에게 역사를 바르게 정리하도록 명하였다. 『고려사』 편찬으로 고려왕조의 역사를 기록해 후세에 전하기도 하였다.

3. 백성들에게 새로운 농사법을 익히도록 집현전 학사들에게 농업기술을 연구케 하여 『농사직설』을 펴내게 하고 영농 방법을 백성들에게 알기 쉽게 익히도록 하였다.

4. 온 백성이 형제처럼 의좋게 지내도록 하고 부모에게 효도하는 아들, 효도하는 며느리, 할아버지 할머니를 잘 섬기는 손자들을 가려 아름다운 효행이야기를 책으로 엮어 『효행록』을 펴냈다.

5. 박연으로 하여금 새로운 악기를 만들고 궁전에서 불러진 고유의 음악인 아악을 정리, 25년 동안 편경을 비롯한 60여 종의 악기를 새로 만들었다.

6. 활자와 인쇄술에 관심을 기울여 이천, 장영실을 시켜 납으로 활자를 만들어 고르고 쉽게 만들게 하였다. 고려 고종 21년에 만든 금속활자로 독일 쿠텐베르크가 만든 것보다 무려 216이나 앞선 바 있다.

7. 과학에도 관심이 깊은 세종은 이천, 장영실, 정인지 등에게 전문지식을 연구케 하여 구리로 만든 간의, 혼천 등의 천문관측기구를 만들어 백두산과 한라산의 높이를 알아냈고 북극성의 위치도 알아냈다. 자동 물시계인 자격루, 옥루기륜, 해시계인 앙부일귀, 현주일구, 낮과 밤의 시간을 재는 일성정시 등등이 바로 그것이다. 장영실로 하여금 측우기를 발명케 하여 전국에 측우기를 설치, 비가 오기 시작한 시각, 그친 시각 등을 자세히 조사하여 조정에 보고하게 하였다. 이탈리아 가스텔리가 1639년에 만든 것보다 약 200년이나 앞선 것이다.

8. 해마다 춘궁기인 봄철에 나라에 있는 쌀을 빌려주었다가 추수가

끝나면 가을에 갚는 환곡법을 만들어 가난한 백성이 봄에 굶지 않도록 했다. 큰 저수지를 만들어 가뭄을 대비하였고 '재생원'을 늘려 가난하고 병든 백성을 무료로 치료케 하였다. 질병의 치료와 예방, 약의 재료나 약 짓는 법을 적어 『향약집성방』이라는 책도 펴냈다.

9. 공평하고 새로운 세법을 만들어 기후가 따뜻한 경상도, 전라도, 충청도 3남 지방은 높은 세금을 물렸고, 기후가 춥고 산이 많은 평안도, 함경도 지방은 낮은 세금을 물렸다. 같은 지방이라도 토질에 따라 상중하로 나누어 세금이 달랐다. '조선통보'라는 엽전을 만들어 생활하기 편리하게 하였고, 청옥법을 만들어 공정한 판결을 내리도록 하였다. 죄인을 다스리기 위해 '삼복법', '태둔법'을 만들어 무거운 죄인이라도 인권을 존중토록 하였다.

10. 명나라에 사신을 자주 보내 화의토록 하였고, 남쪽의 왜구는 남해안을 침입, 노략질을 일삼아 대마도를 쳐서 항복을 받고, 부산포, 내이포, 염포 등 3포를 개항하여 일본과 무역을 하게 하였다. 북쪽의 오랑캐 여진족을 막기 위해 김종서 장군을 보내 종성 등 6진을 개척하여 조선의 영토를 지금의 압록강과 두만강에 이르는 한반도를 완전히 차지하게 하였다.

우리나라의 문화를 꽃피운 위대한 세종대왕, 비탈진 한국, 부정과 부패, 탈선, 위법이 난무하여 평화 통일을 염원하는 모든 국민들에게 걱정을 끼치는 무리들이 너무 많다. 세종대왕의 애민사상을 본받아 우리들은 지금부터 손을 잡고 함께 새 사람이 되고 새 사회 좋은 나라 세우기에 최선을 다하자.

세종대왕의 일생

1397년: 4월10일 정안대군(태종)의 셋째아들로 태어남.

1408년(12세): 충녕군이 되고 심온의 딸과 결혼.

1418년(22세): 경복궁 근정전에서 왕위에 오름.

1419년(23세): 이종무를 보내 대마도 정벌함.

1420년(24세): 집현전을 설치하고 새로운 인재들을 모아 학문 연구에 힘쓰게 함.

1423년(27세): 유관 등으로 『고려사』 개수.

1424년(28세): '조선통보'주조. '악기도감' 설치.

1426년(30세): '방화법' 설치. '사가 독서제' 시행.

1427년(31세): 박연이'편경'을 만들어 올림.

1430년(34세): 『농사직설』 펴냄. 고유 음악 아악 정리.

1432년(36세): 『삼강행실도』 펴냄.

1433년(37세): 장영실이 '혼천의' 만들어 올림.

1434년(38세): 김종서에 명하여 6진 개척.
자동 물시계 '자격루'를 완성시킴.

1438년(42세): 계절과 시간의 변화를 알 수 있는 옥루로 시각을 알리게 함.

1441년(45세): 강우량을 재는 '측우기'를 장영실이 발명. 물의 높낮이를 재는 수표를 청계천에 다리를 만들어 설치케 함.

1443년(47세): 훈민정음 28자 창제.

1445년(49세): 훈민정음으로 『용비어천가』 만듦.

1446년(50세): 3년간의 시험 끝에 훈민정음 반포.

1449년(53세): 『석보상절』, 『월인천강지곡』 간행.

1450년(54세): 2월 17일 세상 떠남.

세종대왕을 위하여

세종대왕의 애민정신과 업적을 기리기 위한 시민들의 축제의 장을 마련키로 하였다. 그리고 세종의 뜻을 본받아 사회에 공헌하는 인사들에게 애민문화대상을 드리기로 하였다. 교육분야, 문화예술분야, 사회공헌분야, 과학기능분야 등 여러 분야에서 봉사 등 공헌한 분을 찾았다.

주최는 세종대왕 즉위 600주년 기념사업 조직위원회, 공동주관은 한국교육가족연합회, 금강일보, 다산학당, 한글세계화운동연합대전본부, MG새마을금고이며, 조직위원장 김기복, 부위원장 변상호, 김용복이 전 국민의 협조를 받았다. 세종대왕 즉위 600주년 기념으로 조폐공사에서는 금메달과 은메달을 제조 판매한다는 전면광고를 보고, 나는 세종대왕의 애민사상을 실천하겠다고 결심했다. 그리고 세종대왕의 삶, 업적, 한글창제 등 여러 서적과 자료를 탐독하고, 겨레를 위하여 나라를 위하여 뭔가 좋은 일을 하는 길을 찾기로 하였다.

나는 김용복 극작가를 자주 만나 상의하고, 김창주, 시제동, 김기복 작가 등 여러 문우들을 만나 기념행사를 추진하기로 합의하였다. 내 평생 가장 중요하고 보람 있는 이 사업을 여러 국민들에게 힘이 되도록 힘쓰겠다. 한국교육가족연합위원의 가장 주요 사업으로 나라의 번영을 위한 아이디어와 지혜를 모아 100년을 목표로 발전시키고 싶다.

문학 독서 운동

세계 지도를 보면 우리나라는 아주 작은 나라지만, 반만년 역사를 지켜왔고, 7천만 민족이 영원히 살아갈 수 있는 것은 문화 민족이기 때문이다.

남의 글을 빌어 쓴 민족은 큰 나라에 예속되거나 동화되어 버리기에, 일제는 우리 말글을 못쓰게 하고 일본 말글을(한자가 절반) 쓰라고 온갖 못된 짓을 다 하였으니 일본은 조선을 영구히 차지하겠다는 탐욕이 있었기 때문이다.

우리 얼과 우리 말글을 지키려고 온갖 고생을 하다가 수없이 죽은 선조들은 모두 조선 사람만으로 알고, 조선말을 위하여, 조선 전 국민을 위하여 무슨 일이든지 대변하여 주려고 1896년 4월 7일 독립신문 창간호 논설 첫머리에 썼고, '말은 나라를 이루는 것인데, 말이 오르면 나라도 오르고 말이 내리면 나라도 내리나니라.'(주시경)고 하였다.

우리 민족은 신라시대에 이두와 향찰을 창안하였고 이두로써 민족시를 기록에 남겼으니 이것이 향가다. 고려시대에는 고려가요, 경기체가와 시조를 탄생시켰으며, 한글이 창제되자 한글 소설과 가사를 발전시켰다. 이것이 현대문학으로 맥을 잇는다. 이중에서 시조도 그러

했지만, 특히 가사는 특정한 작자가 없이 누구나 쓰는 국민문학이었다.(신현득)

지난 7월에 전국 각 지방에서 모인 작가들은 한국아동문학연구소(대표 엄기원) 주최 세미나를 열고 21세기의 아동문화에 대한 주제 발표와 토론회를 이틀간 가졌었다. 이 자리에서 국민 문학론이 제기되어 앞으로 힘을 모으기로 하였다.

세계화 국제화에 따른 영어교육이 이미 시작되어 무한경쟁시대에 살아남기 위한 어쩔 수 없는 길이라 하지만, 우리의 얼까지 빼앗길까봐 두렵다. 이미 어린이와 청소년들은 노랫말, 가수, 프로 운동단체, 상점, 상품, 간판, 학용품 등등 외래어의 홍수 속에 파묻혀 우리의 소중한 말이 사라져 가고 있으며, 특히 퇴폐적인 외래문화는 PC방 인터넷에 접속 순간 음란 폭력물이 와르르 떠오르고 있어, 저질문화는 새로운 정보통신 수단으로 하여 새 지식과 함께 나쁜 정보도 순간 전달되어 역기능이 더 빨라지고 있어 앞날이 우려된다.

이제 문학인을 비롯하여 각계각층에서 일하는 모든 깨어 있는 국민이 황폐해 가는 정신문화를 바로 잡기 위한 생각들을 쉬운 말로 쓰고 감동을 주는 글을 써서 서로 주고받고 가르치며 배우는 국민 문학 독서운동을 나부터 시작하자는 것이다.

문화의 기본이 되는 말글, 문학의 발전을 위해 손을 잡아야 한다. 누구나 행복하게 살 수 있는 아름다운 21세기의 문화 선진국민이 되기 위하여 『국민문학』은 여러분도 동참하여 서로 나누어 보아 뜻을 펼치기 바란다.

행복한 세상 만들기

문화 예술은 인간의 삶에 필수이며 무한한 상상력과 창의력을 키우기에 유아부터 모든 시민이 즐기고 사랑한다. 모든 시민이 언제나 어디서나 보고 느낄 수 있는 환경을 조성해 주고, 직접 참여하도록 정부나 자치단체, 교육청은 과감한 투자를 해야 어린이와 시민은 행복할 수가 있다.

지난 19일 저녁 한밭종합운동장에서는 제14회 대전시민종합체육대회 개회식이 열렸는데 식전 행사로 댄스 스포츠, 태권도 시범, 생활체조 시범에 천이백여 명이 문화예술 체육 행위를 하였고, 다양한 차림으로 선수단이 입장하여 관중들을 즐겁게 하였다. 그리고 개회식에 이어 식전 행사로 신풍류전예술단의 공연과 화합한마당 풍물놀이가 칠백여 명이 출연하여 참 예술의 맛을 보여 주었는데, 관중은 거의 빠져 나가고 고작 몇 백 명뿐, 썰렁한 것이 안타깝고 섭섭하였다.

대전에는 즐거움과 행복을 주는 도서관, 문화원, 수련원, 복지사회관 등 문화 공간이 많이 늘어났으나 이용자가 적어 썰렁할 때가 많다. 백화점, 식당가는 대만원인데 왜 독서, 문학, 음악, 미술, 체육 등 모든 삶의 고달픔을 풀어주고, 기쁨과 희망을 가득 채워주는 예술을 멀리할까?

한국의 부모들이 먹고 입는 데는 신경을 많이 쓰나 운동부족으로 비만아와 어린이 성인병이 늘고, 충치 없는 아이가 거의 없으며 안경 쓰는 아이는 나날이 늘고 있다. 체중과 키는 향상되나 체력은 저하하건만 운동장을 같이 달리거나 공놀이, 체육을 같이 하는 부모는 아주 적은 편이다.

아이들은 어디서 무엇을 하는가? 학교 공부가 끝나면 자율보충학습, 서너 개의 과외 공부, PC방이나 오락실에서 게임 하느라고 정신들이 없다. 저질 문화상품과 조직 폭력, 음란물, 잔인한 전쟁오락물이 비디오, 인터넷, 간행물에 그대로 노출되어 그 충동으로 범법하고 범죄에 빠져들기 쉬운 것이다.

친구를 때린 급우를 칼로 찔러 죽인 중3생은 영화 '친구'를 보고 결심했으며, 고3생의 전 담임을 교무실에서 칼로 찌른 사건, 10대 여학생 둘이 한 남자를 껴안고 고층 빌딩에서 투신자살한 사건은 안티자살 사이트에서 만난 결과였다. 아이들의 범죄가 연 10만 명, 낙태로 죽어가는 생명이 연 10만 명 이상이란 놀라운 현실은 언제까지 외면만 할 것인가?

가장 좋은 평생교육의 장인 텔레비전이 감동 감화를 주는 '한 민족 리포트, 피플 세상 속으로, 장애를 극복한 강영우 박사' 등 좋은 프로를 많이 만들어 보기 좋은 시간대에 방영하는 것이 좋은 교육이 될 것이다.

10대들의 괴성과 광란하는 퇴폐음악이 주류를 이루는 TV음악은 열린음악회 수준으로 질을 높여야 하며, 시인들은 좋은 노랫말을 쓰고 작곡가는 청소년이 좋아할 곡을 붙여 대중음악의 건전화에 손을 잡아야 한다. 음악으로 병들어 가는 국민과 청소년들의 마음을 치유해야 한다. 전통문화, 국악, 사물놀이, 판소리, 민요 등도 현대화, 대중화하여 국민들이 누구나 쉽게 접해야 한다. 오페라, 교향악단, 예술단도 미술관, 학교, 병원, 어린이집 등 현장 속으로 찾아가 문화가 국민들과 어우러져야 같이 행복하게 살 수 있다.

90% 이상이 유아시절에 인격 형성이 된다고 대전색동어머니회에서는 도서관 등을 순회하며 아동극, 인형극, 구연동화, 율동 등을 공연하여 꿈과 희망을 심어 주고 있어 여간 고맙지 않다.

지난 16일 연기군 문화예술회관에서 '어린이집' 25개소가 연합하여 '어린이 재롱잔치'를 두 시간여 공연하였는데 노래와 춤, 국악, 연극 등 다양한 내용은 문화예술의 참맛을 보고 듣고 느끼게 한 아름다운 교육현장이었다. 이런 예술의 장을 마련한 것은 시장이나 군수의 재정적 지원이 있었기에 아이들은 행복할 수 있었다고 한다.

대전 동물원도 아이들과 함께 부모들이 자주 가서 배워야 하고, 안면도 국제 꽃박람회도 같이 가서 배워서 우리 집 빈터에 아파트에 화분을 놓고 씨 뿌리고 가꾸는 실천이 행복한 아이들을 만드는 길이 아닐까?

고진감래 홍진비래

인간에게 흥망성쇠는 언제나 엇바뀔 수 있기에 너무 목에 힘을 주며 살거나, 움츠리며 비굴하게 살 필요는 없다. 돈과 명예와 권력, 모든 것을 한꺼번에 차지한 분들이 비참한 최후를 맞이하고, 버림을 당하는 것은 순리를 어기고 탐욕과 우둔함 때문이리라.

내 가족과 내 친척, 내 친구, 내 동창밖에 모르는 사람은 출세하고 성공하여도 증오의 대상밖에 되지 않는다. 친척, 친구, 동창도 모르고 나와 내 자식, 내 마누라, 내 상사만 위하고, 남을 모르는 사람은 제비만도 못한 하등 동물에 지나지 않는다. 제비도 자기 새끼를 보호하기 위하여 제비집이 있는 처마 밑을 얼씬거리는 고양이를 위협하다가 고양이 발에 치어 죽음을 당하는 걸 3년 전 섬마을 하숙집에서 목격하였었다.

우리는 교육 현장에서 자기 자식밖에 모르는 학부모와 자기 가족과 상사밖에 모르는 동직들은 가끔 만난다. 건방지고 버릇 없고 까불고 공부 못하는 문제아는 부모의 책임이 90% 이상인데, 담임을 원망하고 욕하는 학부모는 설득하고 이해하도록 시킬 수 있지만, 갖은 아양 다 떨고, 고자질하며 좋아하는 것 다 대접하고 갖다 바치면서 동료들을 우습게 알고 깔보는 동직들을 보면 측은하다. '승진, 전근, 근평, 학년 배정, 주임 임명, 사무분장, 이런 것 때문이겠지, 상사도 인간인지라 우는 아이에게 젖을 더 주겠지. 치열한 경쟁 사회에선 있을 수 있는 일이지. 나 혼자만 낙오되고 언제나 깔려 살순 없잖아?'

그러나 때로는 동직들과 어울려 노래도 부르고, 걱정이 있으면 위로도 해줄 만한 인정은 있어야지, 문제아나 지진아에게도 사랑의 말, 칭찬과 격려를 해주어야지, 혼만 내면 그들이 앞으로 어떻게 될까? 격정도 해 주어야지.

교사는 50명 개개인에게 가장 필요한 것을 베풀어야 하고, 특히 문제아나 지진아들에겐 칭찬을 아끼지 말아야 자신에게도 이롭고 보람까지 찾을 수 있다. 꾸짖고 벌주고 욕한다고 해결되는 것이 아니기에, 오히려 학습 분위기만 해치고 건강에도 해로우니 짜증은 내지 말며 살자. 미련한 짓은 말자. 교실은 언제나 웃음이 넘치고 춤과 노래와 사랑이 충만한 낙원으로 만들자.

1학년 개구쟁이들의 일기와 편지와 동시들을 읽으면, 그들도 나와 비슷한 생각들을 하고 있음을 발견한다.

"무조건 사랑하라. 무조건 사랑을 받을 것이다. 사랑만이 인간을 기쁘게 하고 사랑의 실천만이 자신까지 사랑하지 않을 수 없으리라."

평범한 게 싫다고 교단을 떠난 10여 년간, 운전사, 외판원, 구멍가게, 실업자, 통닭장사 등 갖은 수모와 고독을 맛보았고, 섬 생활과 홀아비로 7년 지내다 위궤양으로 한 달간 입원, 금식 20여일, 변비로 고생도 얼마쯤 했더니 행복이란 무엇이지 조금은 알았다. 모든 것을 인정하고 긍정적으로 이해하며, 웃으며, 즐겁게, 떳떳하고, 자신 있게 생활하는 마음가짐이다.

50명의 내 반 어린이와 내가 맡은 문예반은, 내 자식 같은 귀한 꿈나무들, 「홍진비래」하기 전에 사랑과 믿음과 꿈을 키워주고 가꾸는 즐거운 교실을 만들어 보겠다.

책사랑 운동

세계 4대 성인 중에 한 분인 중국 '공자(孔子)가 쓴 논어(論語)의 학이편(學而篇) 제1장 나오는 첫 구절이다.

"孔子曰, 學而時習之면 不亦說乎아? 有朋이 自遠方來면 不亦樂乎아? 人不知而不이면 不亦君子乎아!"

(배우고 때에 익히니 기쁘지 아니하냐? 벗이 멀리서 찾아오니 또한 즐겁지 아니하냐? 남이 나를 알아주지 않아도 노여워하지 않으니 참으로 군자가 아니겠는가!)

위 공자의 말씀에 역시 중국의 뛰어난 현학(賢學)으로 불리는 북송대의 정치가 왕안석(王安石) 시인의 말이 함께 합니다.

"가난한 사람은 독서로 부자가 되고, 부자는 독서로 귀하게 된다!"

현재 우리 사회는 불확실성시대의 톱니바퀴 위에서 춤추는 듯 불안하기만 합니다. 지구촌의 핵전쟁 위기는 넘기는 듯하지만 남북, 북미회담은 기대 반 우려 반으로 예측불허의 상황입니다.

우리가 선출한 전직 대통령들은 형제, 자식, 친척, 측근들과 매관매직 부패 탐욕의 화신들 같습니다. 또한 전통시장, 소상인들은 무너지는데 반하여 대기업들은 승승장구 오너뿐이 아니라 임원들 연봉이 수십억 원, 수백억 원이 넘는답니다.

그리고 청년 일자리는 없고, 청년들은 안정된 생활을 위해서 공무원 9급이 되기 위해서 머리를 싸매고 오랜 세월 애를 태운다니 걱정입니다. 또한 전문대와 실업고 등을 홀대하고 고학력 우대정책의 결과는 앞으로 저출산과 함께 고난의 나라를 만들 것입니다.

'꿈꾸는 다락방'의 저자 이지성 작가는 저의 저서에서 이렇게 갈파했습니다.

"책을 읽기를 배우지 않으면 밑에서 부려지는 일만 하게 된다."

우리는 책으로 돌아가야 합니다. 난세(亂世)일수록 우리는 책과 만나야 합니다. 그래야 좋은 인생, 좋은 사회, 좋은 국가가 되어집니다.

좋은 글을 써서 책을 만들고 독서교육을 어린 시절부터 시켜야 합니다. 신문 잡지 도서를 만드는 작가들을 우대하고 작가들은 시민을 대변하고 시민들이 정의사회를 만들도록 일깨워야 합니다.

2018년 올 해는 '책의 해'입니다. 경로당, 유치원, 직장 등 모든 시설과 책들이 많은 도서관을 만들고 민관이 협조하여 '독서교육의 활성화', '독서생활화'에 노력하도록 합시다. 뜻을 같이하는 '책사랑, 문예사랑, 나라사랑'을 하는 우리가 다 함께 손을 잡고 독서캠페인을 벌어이 위기를 극복해야 합니다.

소설과 드라마 등으로 우리에게 친숙한 작가 외친호의 '상도(常道)'에서 거상 임상옥이 작품 중에서 한 말 우리는 유의해야 합니다.

"상인은 상품을 팔아 이윤을 남기지만, 책은 좋은 인물과 좋은 인품을 남긴다!"

〈대전문학관〉

호서문학, 문학시대 전시장에서

초라한 작가들

요즈음 천만 관객을 감동시킨 영화 '국제시장'은 시나리오가 있어서 상영할 수 있었고, 일본·중국·미국·유럽 등 전 세계인 수십억 인구를 열광케 한 싸이를 비롯한 가수들도 작곡가와 작사가가 쓴 작사가 없었다면 불가능했다.

문학은 연극 영화를 비롯한 모든 예술의 근간이며 원천이기에 기본이라 할 수 있다. 모든 교육의 근간이 교과서나 독서도 문학이 출발점이기에 중요하다. 영국은 셰익스피어를 중국과 비슷한 인도와도 바꿀 수 없다고 작가를 중시했다.

그런데 대전의 작가들은 얼마나 홀대받고 있을까? 800여 명의 작가들은 잠깐 쉴 만한 사무실 한칸 없이 광복이후 70여 년 가까이 지냈다. 3년 전에야 예총이 세든 선화동에 한 칸짜리 사무실을 세 얻어 쓸 수 있었고, 그 동안은 출판사에 빌붙어 간판도 없이 임시 거처에서 활동했다.

올 들어 3월 초에 입주하게 된 옛 연정국악문화회관 자리의 대전예술가의 집에 가보고 놀랐다. 첫째는 외화내빈의 집, 겉은 화려하고 웅장한 데 비해 공간이 비좁아 예술단체의 사무실은 10평도 안 되었다. 문협 사무실은 반칸도 못되었고, 예총이나 민예총은 조금 나았을 뿐인데, 탄생한 지 얼마 되지 않은 대전문화재단은 새끼 공룡이 되어 예술가의 집을 점령하고 있었다. 예술단체 10개보다 더 큰 공간을 차지하여 대표이사실과 사무처장실을 비롯한 4,5층을 많이 차지, 누가 봐도 예술가의 집이란 간판뿐이고 실제는 문화재단의 집이었다.

억대의 연봉을 받는 대표이사와 팀장 등 60여 명 이상이 주인 행세를 하고 있어 예술인은 객이 되어 처분만 바라보는 가여운 신세가 되었다. 그들은 모든 예술분야의 지원 사업을 공모 절반은 선정하고 45%는 탈락시키는 막강한 권한도 있었다. 탈락되면 예산 한 푼 없는 예술가들은 성금이나 회비를 모아 예술 활동을 해야 한다.

그런 능력이 없는 단체는 1년간 쉬거나 해산해야 한다. 대전 여성문학이나 예술사랑회의 예우지 등이 2번 탈락 해산 위기에 있다. 예우지를 갖고 가서 담당자에게 보여주고 탈락이유를 묻자 우수작품집이라도 심사위원 7인의 의사에 따라 탈락할 수도 있다고 말했다. 담당국장도 정성껏 잘 만들었다고 인정했건만, 대전에선 대전예총이 매월 발간하는 대전예술과 함께 예술종합지로 쌍벽을 이룬 예우지를 제외시킨 것을 예술종합지를 잘 모른 탓으로 본다.

우리나라의 정치 지도자나 시장, 시의원 등이 대부분 예술진흥은 창작활동이나 작품집은 보지 않고 보이는 건축물에서 찾는다. 전국도 그렇지만 대전에도 대전 예술의전당, 이응노 미술관, 대전 시립미술관, 청소년위캔센터 등 집짓기에는 수천억 원을 투자하여 집을 짓고 이걸 공직으로 삼고 있어 문학은 눈에 보이지 않아 인성과 심성은 황폐해지고 있으니 이건 무능한 정치인 때문이고 큰 문제다

우리나라가 경제 강국임에도 선진국이라고 할 수 없는 것은 정치 지도자들의 무능에서 온다. 세월호 침몰사건에서 보듯 썩지 않은 곳이 없고, 인간을 구해야 된다는 사명감도 전혀 없으며 학생들에게 무

한 경쟁시키는 걸 참교육이라고 착각하니 자살, 가출, 폭력, 범죄가 어른들 뺨칠 정도로 늘어나건만 별 다른 대책도 못 세우는 어른들이 부끄럽다. 부끄러움도 모르고 싸움만 하는 나라다.

60년 문우, 한국아동문학연구회 엄기원 회장과 오락하다

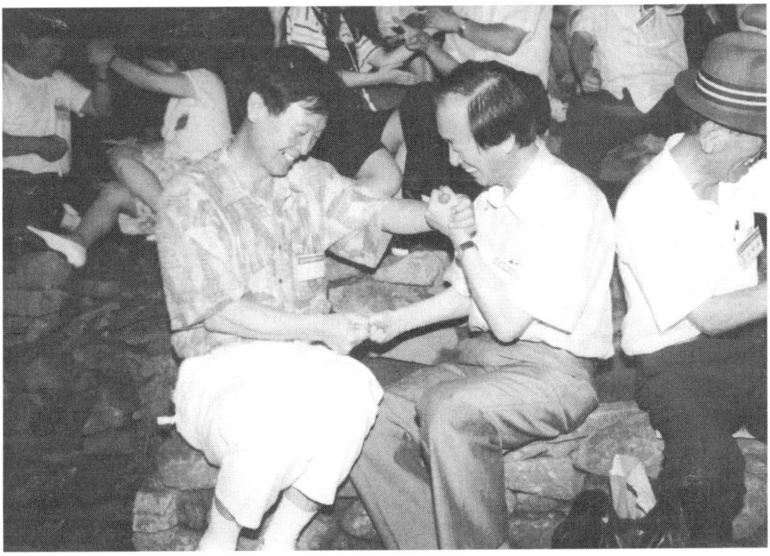

함께 행복 키우기

1. 농사짓기

"정말입니까? 밭에 우리들이 맘대로 심어도 된다구요?"

글쓰는 사람들의 모임인 한국문인협회 대전지회 회원들 중에 사물놀이를 배우고 싶은 사람들 칠,팔 명은 매주 토요일 대청댐 옆에 있는 '글사랑 놋다리집'에 모여 장구 치고 북 치고 징, 꽹과리를 치며 배운다. '글사랑 놋다리집'은 장덕천 시인, 수필가님이 사업을 해서 번 돈으로 샘골에 별장을 짓고, 문인들이 마음대로 책도 읽고, 글도 쓰고, 쉬고 놀 수도 있는 쉼터요, 휴식처이기도 하다. 그런데 어느 날, 박상일 부회장과 함께 온 전인철 시인이 북 치고 장구 치고 한동안 어울리더니 자기가 지하철에서 나오는 흙을 이만 트럭 가량 쏟아 부은 밭이 천 평 가량 있는데 우리들 보고 씨를 심고 가꿔 보라는 것이다. 평소에 땅 한 평도 없지만 직접 농사짓고 싶은 것이 꿈이었기에 끝나기가 무섭게 당장 밭으로 가보자고 했다. 밭은 3백 평 가량 되는데 샘골에서 얼마 떨어지지 않은 주산동 비룡골에 있었다.

다음 날부터 나는 새벽 5시전에 아내와 같이 밭에 가서 괭이와 삽, 쇠스랑으로 땅을 갈고 풀을 뽑고 자갈을 골라 밭을 일구고 씨를 뿌리기 시작하였다. 들깨, 참깨, 메밀, 땅콩, 토란, 호박씨를 뿌리고 심었다. 세 시간 정도 하면 땀은 비 오듯 흐르고 숨은 헉헉 막혀 물먹기를 자주하지만 집에 돌아와 샤워를 하고 나면 마음은 아주 상쾌하였다. 행복은 이런 마음이 될 때가 아닐까? 행복은 편한 것이 아니라 일한 후 갖는 느낌이 아닐까?

2. 학습농장 같이 하는 게 꿈

다음 날 새벽엔 대전역 새벽시장에 가서 토마토와 고추 묘목을 스무 판 사다가 묘목을 심을 수 있도록 땅을 고르고 일궈 심는 일을 서너 시간 하면 땀은 비 오듯 흐르고 힘들지만 일하는 기쁨은 여간 좋지 않았다.

나는 지난 2000년 3월에 33여 년간 정들었던 교단을 정년 단축으로 명예퇴직한 후, '건강이 제일 중요하다. 돈, 명예, 사랑, 봉사 등 모든 것은 그 다음이다.', '건강만 하면 행복하니 건강을 위하여 모든 시간을 쓰자.' 이런 생각으로 새벽 서너 시에 일어나면 신문 보고 책 보고, 글도 좀 쓰다가 5시 10분이면 인동에 있는 생활체육관에 가서 생활체조를 음악에 맞춰 40분가량 하고, 한밭 공설운동장에 가서 단학기공체조를 강사와 함께 40분가량 하고, 육상트랙을 서너 바퀴 걷다가 달리고, 달리다 걷기를 하였다. 끝나면 시립 수영장에 가서 수영을 40분가량 하니 하루에 두 시간 이상은 운동을 계속한 셈이다.

농사해서 돈 벌기도 아주아주 어렵다는 것을 알았지만 마음은 언제나 날아갈 듯 상쾌하고 없던 힘도 생겨 즐거운 하루의 연속이었다. 그러나 농사짓기를 시작한 후엔 운동과 수영을 중단하고 새벽마다 밭에 달려가 채소들이 자라는 모습을 보고 또 땅을 일구고 모종을 하는 땀흘리는 기쁨이 컸다. 콩과 메밀 등은 꿩이 날아와 먹고, 고구마나 감자도 멧돼지가 와서 먹은 듯 발자국만 남았지만 '같이 먹고 사는 거야.' 하면서 일만 하였다. 아내도 힘들다고 허리가 아프다고도 하고, 내년엔 절대로 하지 말자고도 하지만 나는 주인이 그만 하라고 할 때까지 계속할 작정이다.

'이런 농장에 어린이와 같이 일하는 학습농장을 만들었으면.'

이것이 나의 꿈이고 행복찾기 제1호이다.

3. 좋은 부모 모임 교육

교단을 떠난 후에 나는 좋은 것을 배우려고 신문과 교차로, 방송을 들으며 찾아다녔다. 처음 간 곳이 배재대학교 컴퓨터교실, 나도 컴맹이었기에 늦게나마 컴맹 탈출을 위해 컴퓨터 교육을 열흘 받고, 이어서 한국 연금공단에서 실시하는 무료컴퓨터교실을 일주일간 받으니 어느 정도 기초는 할 수 있게 되었다.

다음은 사물놀이를 배우려고 가수원 우체국 옆에 있는 '구봉 풍물단'을 찾아가 3개월 간 북치기를 주로 배웠다. 나도 교직에 있을 때 아이들에게 사물놀이를 잘 몰라서 제대로 가르쳐주지 못한 것을 뉘우치고 사죄한다. 이렇게 재미있는 것을 모르고 그냥 지내왔으니 얼마나 큰 죄를 지었는가? 앞으로 사물놀이 등 전통문화를 학생에게 제대로 가르칠 수 있도록 강사를 소개하고 학교에서 배울 수 있게 힘쓰겠다.

그 다음 찾아간 곳이 '좋은 부모됨 연수과정'을 배우는 대전대학교

평생교육원이다. 일찍 이런 교육을 받았으면 내가 두 남매를 위하여 잘 해줬을 텐데, 이제부터라도 잘 가르쳐야지. 그리고 하나뿐인 외손주를 위해서 제대로 교육시키도록 해야겠다. 일주일 중 화요일마다 두 시간씩 듣는 이 강의는 여러 강사들을 만나게 되는데 그 중에 박성일 한의원 원장이며 한의학박사인 박성일 좋은 아버지 모임 회장의 강의 내용은 아주 감동을 주고도 남음이 있었다. 자기의 딸과 주고받은 편지도 소개했고, 이 나라의 학생들과 부모를 위하여 무엇을 어떻게 교육하고 무엇을 소중히 가르칠 것인가를 상세하고 심도 있게 얘기해 줘서, 나는 좋은 스승님을 만나게 돼서 기뻤다. 강의가 끝난 후, "강사님의 한의원은 어디에 있으며, 강사님이 다니신다는 이상한 교회는 어디에 있습니까?" 나의 마지막 질문에 그분은 상세히 가르쳐줘서 한의원을 알게 되었고 이상한 교회도 두 주일 후 가보게 되었다.

4. 이상한 교회

이상한 교회는 일요일 10시부터 시작하는데, 우선 십자가가 없고 목사님도 신도와 함께 앞자리에 앉아 진행을 안내하고 도와주는 역할만 했다.

무대에는 합주단과 성가대원 8명이 자리를 잡거나 서서 피아노, 오르간, 드럼, 기타 등을 연주하며 찬송가를 몇 곡 불렀다. 찬송가 가사도 무대 뒤에 영상으로 읽을 수 있으니 찬송가나 성경이 없어도 불편하지 않았다.

올 여름, 함께하는 교회는 특별한 음악과 함께 평소에 만나기 쉽지 않은 분들과 만날 수 있었다. 첫째 주일은 시인이며 목사인 고진하 님은 설교를 쉽고 재미있게 하였고 시낭송까지 들려주면 영상에선 갈매기가 나는 모습을 보여주면서 아주 재미있게 하였다. 끝난 후 박원장 초대로 같이 식사도 하였는데 "노래방 같은 기분입니다. 성스러운 노래방말입니다. 아주 색다르고 좋았어요." 시인 목사님의 말씀에 동감하고 "노래는 영혼의 소리가 아닙니까? 권위의식, 거품, 가면, 형식적인 것들을 타파하고 순수하고 감동적인 음악 프로그램이 좋았어요."

다음 주일은 일제 강점기 신사 참배를 끝까지 거부하다 순교한 주기철 목사님의 네 번째 아들인 주광조 님이 설교를 하였다. 지금 교회는 병든 생선같이 수술할 수도 없이 병든 교회가 많다는 말을 들었는데, 나도 교인은 아니지만 이 함께하는 교회는 자주 가서 배우고 싶다. 교회, 절, 성당 어디든지 배울 것이 있으면 찾아가는 것이 행복찾기가 아닐까?

5. 금빛평생교육봉사단

'나는 지금까지 어떻게 무엇을 하며 살아왔는가?'

나는 나 자신에게 '사람들을 위하여 좋은 일을 했느냐?'고 물어보니 잘못한 일들이 너무 많았다는 생각뿐이다. 오늘의 나도 그동안 내가 선택한 결과이고 내일의 나도 오늘의 내가 한 선택의 결과일 것이다. 선택은 판단에 의해 결정되고 판단은 배움의 결과에 따라 다른 것이다. 행복하지 않으면 집과 돈과 명예가 무슨 의미가 있겠는가? 나 혼자만 잘 살고 잘 먹는다고 이것이 행복은 아닐 것이다. 모두가 행복한 사회, 나라, 세상을 만들기 위해 작은 힘이나마 도움이 되자. 그래서 대전대학교 인적자원개발원에서 운영하는 금빛평생봉사단에 가입했고, 임원선거에 입후보하여 부단장이 됐다.

월드컵의 성공은 5천만 겨레를 하나 되게 했고, 우리 국민의 우수성을 세계에 알리게 됐고, 23명의 태극전사와 붉은 악마들의 응원과 함성은 히딩크 감독을 영웅으로 만들기도 하였다. 온 국민들이 자상스런 대한민국을 사랑하게 된 것은 커다란 축복이다. 월드컵 정신으로 이 사회에서 버림받고, 소외되고, 어려움을 겪고 있는 우리 겨레를 위하여 작은 일부터 시작하리라. 한글을 모르는 학생을 위하여, 노래나 운동을 못하는 학생이나 시민을 위하여, 고통 받고 병들어 가는 청소년을 위하여 내가 할 일은 무엇인가? 썩어가는 강물을 맑게 하는 길은 없는가? 사기꾼, 살인, 강도, 부정부패, 비리, 마약, 에이즈, 폭력, 조직폭력, 성범죄 등 이 사회를 썩게 만드는 사람들을 위해 어떻게 하는 게 좋을 것인가? 봉사단원 120명과 함께 하나씩 풀어가도록 최선을 다할 것이다.

이게 내가 할 봉사이며 행복을 함께 하는 봉사단의 사명이리라.

멋진 정식품 명예회장

내가 가장 존경하는 장수인은 정재원 정식품 명예회장이다. 우리가 자주 건강식품으로 먹는 '베지밀'은 재계 최고령 창업주로 40대에 위탁, 50대 창업, 99세 콩 전도사로 '도전을 두려워 말라'고 강조한다.

그는 '콩 박물관'건립이 숙원인데 소아과 의사였던 그도 모유나 우유를 소화하지 못해 죽어가는 신생아를 살리기 위해 국내 최초로 두유를 개발했다. 그에게 콩은 기적이고 생명이었기에 콩에 대한 자료는 뭐든 구해 읽었고 중요성을 설파했다. 경북 영주시가 콩의 역사와 쓰임새 등을 집대성해 소개하고 '콩 세계 과학관'을 짓는다는 소식을 접하고 기부금을 쾌척 지난 해 4월에 문을 열었다.

정 명예회장은 소년시절 급사였다. 황해도에서 보통학교만 졸업하고 서울에 왔다. 홀어머니 밑에서 그는 대중목욕탕 심부름꾼, 가게 점원 등 닥치는 대로 일을 하다가 우연히 의학강습소의 급사가 되었다. 등사기를 밀어 강습소 학생들이 풀 교재를 만들어 내어야했다.

그 교재를 보면서 주경야독으로 20세에 의사고시에 합격 국내 최연소 의사가 되었다. 원인 모를 병으로 죽어가는 신생아들을 보며 유학했고, 50세에 두유를 개발 설사병을 앓는 아이들을 살려 냈다.

세상을 오래 산 그에게 세상은 천국이란다.

孝人 배상기 총재

"노인이 행복한 나라, 효행자들이 만듭니다."

2016년 9월 2일 대전시 노인복지관에서 효아너클럽 발대식에서 배 총재가 말했다.

부모님을 일찍 여의고 효도 못한 아픔이 있기에 시력보조 사업을 하면서 백내장, 녹내장 환자 100명을 무료로 시술하고, 국제라이온스 협회 356-B지구 총재가 되어 1천만원을 기탁하기도 하였다. 지역사회와 소통하며 노인복지를 위한 활동을 하고, 가정과 국가의 효를 넘어 사회 전체가 참여하는 노인설립을 후원 봉사 기부를 하며 살고 있다고 한다. 노인 세대와 젊은 세대 간의 조화로운 노력으로 1천만원 내는 효아너 열 명을 배출하였다.

우리는 홍익인간정신으로 인류와 함께 자연까지 이롭게 하며 공동체를 구현하고 친인척 사랑에서 이웃사랑, 나라사랑으로 발전돼야 한다. 국가적 孝는 정부가 주축이 되어 법과 제도로 효를 권장해야 한다. 5월은 가정의 달 노인, 어버이, 어린이날이 있기 때문이다.

이은구, 역발상의 저자

이은구 님은 대전사범학교 동문으로 중소기업인으로 성공한 두세 분 중 한 명이다. 그는 가난한 집안에서 태어났기에 중학교에 진학할 것은 꿈도 꿀 수 없었다.

그는 초등학교 졸업 후 농사꾼이 되었는데 그의 예술적 재능을 안타깝게 여긴 선생님들이 입학금을 모아 그를 중학교에 입학시켰고, 대전사범학교를 졸업할 수 있었다. 졸업 후 초등학교 교사를 몇 해 하다가 15년간 중등학교 미술교사를 했다.

1970년 말 교육현장의 개혁안을 냈으나 거부하자 사표를 내고 납품업을 하다가 아이디어를 내기 시작하여, 오늘의 ㈜신이랜드를 성공적으로 창업하게 되었다.

그는 불필요한 접대문화를 지양하고 외상은 하지도 주지도 않고 95% 확인정신으로 일했다. 열정적으로 일하다가 실수를 해도 원인을 찾아내면 격려하고 상을 주기도 하였다.

이은구 대표도 역발상을 하였고 남달리 사업을 하였다. 막노동, 노가다 현장은 암담했지만, 언제나 도전의 삶으로 그는 좌절하지 않고, 신속정확, 정직, 필승, 공평무사하게 일하였다. 놀이시설, 휴식시설, 체력단련시설 등 8백여 종의 고유 브랜드를 개발하여 전국에 보급하여 성공의 길을 걷게 되었다.

그는 틈나는 대로 칼럼을 써서 책을 내기 시작하였다. 노가다 병법, 네모난 지구, 둥근 지구, 소기업은 개똥참외냐, 우리집 안전박사, 생활지혜, 역발상 세상보기, 최강의 역발상, 괴짜 사장의 역발상, 청개구리 역발상, 5년 앞을 내다보는 역발상 등 12권이다. TV에 방영된 다큐멘터리는 작은 거인, 나의 뜻 나의길, 휘파람을 부세요, 톡톡 비즈니스 함께 살아가는 세상 등을 KBS, MBC 등에 방영했다.

현재 발명특허 실용신안, 의장 등 170여 종의 특허를 보유하고 있으며, 8백여 종의 고유 브랜드를 개발 보급하고 있으니 그의 창의성 아이디어는 샘물 같다. 300여 아파트 단지에 설치한 조립식 간이 정자도 가장 좋은 시설로서 그 명성을 자랑한다.

그는 '안 되면 될 때까지 역발상하라', '매일매일 달라져라 그렇다면 성공할 것이다' 중소기업의 상식을 깨는 역발상의 선구자 뚝심의 제왕, 괴짜 기업인 이은구는 참다운 우리의 스승이다. 그의 책을 읽고 그 정신을 본받아 성공하자.

효문화의 활성화

孝는 사랑의 실천이며 행복나눔이다. 전국 최초 효문화 체험교육 및 전문연구기관인 대전 孝문화원이 썰렁하다. 입장료를 지난 7월 1일 폐지하였으나 하루 종일 245억여 원의 기금을 들여 지은 현대식 건물에 방문객의 숫자는 민망할 정도이며, 직원이나 해설사 숫자에도 훨씬 못 미치니, 뿌리공원을 찾은 외지인도 발길을 뚝 끊은 건, 볼 것이 없기 때문이다. 볼 거라곤 늙은 아버지를 지게에 메고 금강산관광을 시킨 孝行 하나뿐이니, 볼 것 배울 것을 전시하고 영상으로 보여주는데 그걸 못한다.

그곳 전시장엔 충무공을 비롯하여 안중근, 백범, 링컨 등 한국은 물론 외국의 위인들까지 많은 인물의 사진이 전시되었는데 내용이 한결같이 孝行뿐이다. 뭣을 어떻게 하였다는 역사가 없고 기록이 없으니 감동 감화를 줄 수가 없으니, 이들의 업적을 사진, 영상 기록으로 전시해야 한다.

가장 잘 된 곳이 논산 강경 근대역사 전시관이 있는 역사문화원에 가면 선교역사와 일제 강점기의 수난 등 발자취를 확연히 볼 수가 있고, 보고 배울 것이 많다.

또 孝도 부모와 자식 간의 사랑보다 국가, 사회, 인류에 대한 사회적 孝가 더 소중하고 귀한데 孝文化진흥원은 효도뿐이라 문제다.

대전노인연합회에 가면 명예스러운 사회적 孝行人의 사진과 1만 시간, 5천 시간 봉사자, 1천만원 물품이 이웃돕기 나눔을 실천한 분들 몇십 명이 전시되었다. 우리 사회엔 소시민이나, 중소기업인 대기업들도 수십, 수백억원을 사회적 공헌을 한 기사, 사진, 영상이 있으니 그걸 보여주는 것도 좋을 것이다.

孝行은 부모에 효도함은 기본이고 나라와 민족, 이웃을 위하여, 목숨을 바치고 희생한 인물부터 보고 배워야 효문화진흥원의 운영도 활성화되고 한국의 명소가 될 것이다. 그리고 어려운 한자 말로 쓴 서예작품이 효마을 체험관을 비롯하여 여러 곳에 전시되었는데 정자로 쓰지 않고 초서로 써서 한문공부한 사람도 모를 작품 12편이 체험관 입구에 전시되었는데, 당장 한글서예로 교체되어야 하는데 건의해도 무시한다.

보여주기 위한 전시도 감동을 주는 내용으로 보아야 할 것으로 바꿔야 한다. 많은 예산을 들여 전시한 것들이 다 내년에나 교체한다는데 넓은 공간 한쪽으로 옮기고, 교체하고 내년은 대전 방문의 해이니 미리 준비해야 한다. 당장 교체할 것은 구 작품들은 다른 곳으로 이전시켜, 활용해야 할 것이다.

아이디어를 공모하고 협의하고 연구하여 효문화진흥원과 뿌리공원이 세계의 孝교육의 명소가 되길 바란다.

경로당 학교 가는 날

세계에서 가장 빠르게 초고령 사회로 가는 우리 한국은 경제 10대 강국을 만드는 데 공헌한 노인들의 노고를 잊어서는 안 된다. 그런데 한국의 노인들은 하루에 40여 명이 자살하고, 치매, 뇌졸중 등 질병과 빈곤, 고독 등 난제들이 많다.

전국 각 자치단체는 복지관, 노인시설 단체 등에서 노인복지에 대한 시설을 하고 운영을 잘 하고 있어 다행이다. 그러나 노인복지관에도 못 가는 다수의 노인들은 경로당에 가서 하루를 보내는 남녀 노인들이 아주 많다.

노후대책도 세우지 못하고 수입도 없는 가난함과 고독 등 이런 여러 문제들을 해결하는 방안 중에 전국에 있는 모든 경로당을 평생교육기관인 학교로 만드는 길이 있다. 노인들의 四大품인 가난, 질병, 고독, 할 일 없음을 해결해 줄 수 있는 교육생으로 제2인생을 살게 하면 된다.

노인인구는 1천만 명 시대가 곧 올 것이고, 100세 시대를 넘어 120세 시대를 또 넘어 150세 시대가 오리라고 예상하는 학자들이 있으니 심각하다.

경로당학교는 한강의 기적을 이룩한 수많은 우수한 인재들을 재교육 시켜 재능기부로 강사로 활동케 한다. 공교육, 교회, 성당, 사찰 등과 연대하여 협의하면 큰 부담 없이 운영할 수 있을 것이다.

첫째, 경로학교는 재미있고 신나는 배움터가 되어야 한다. 함께 노래하고 춤추고, 대화하고 운동하는 새로운 배움터가 되어 언제나 즐거움과 기쁨을 주도록 하고 노인 일자리를 주어 작은 수입이라도 얻게 하면 최상이다.

둘째, 100세 시대는 무병장수가 최대의 행복이기에 질병의 원인과 예방 그리고 치유라는 학교로 의사, 약사들의 도움으로 개념을 확 바꿔야 한다. 국민 1인당 의료비가 연 108만원, 70세 이상노인은 연 362만원이다. 건강교육만 잘 하면 경제 손실을 막을 수 있고, 노인 인력을 재교육 개발한다면 국익에도 크게 기여할 수 있다. 일본은 일손이 부족하고 사회보장비는 급증하여 어려움이 큰데, 일본보다 더 빨리 늙는 한국은 노인문제를 최우선 정책으로 개선하는 것은 시급하다.

셋째, 경로당학교는 빈곤을 해결하기 위한 일자리 만들기, 할 일을 함께 만들어야 한다. 노년의 행복이 돈이 없으면 특기에 맞춰 일하는 기쁨을 주어야 한다. 노인 37%는 일자리 확대를 제일 바라고 있으니, 최고의 복지는 일자리이다. 일자리 창출은 정치가나 단체장, 기업가들이 합심하여 힘써야 하며, 일본은 지금 일자리가 넘치고 인력이 모자라 한국의 청년 구직자들을 일본어와 일본문화를 가르쳐 일본에 취업시키는 것도 시급한 일이다. 어르신들은 인생 이모작으로 고령화 친화기업 사업을 창출하고 전지식인, 지도자들이 관심을 갖고 밀어주어야 한다.

넷째, 노인천국을 만드는 경로당학교는 배우는 기쁨, 친구와 대화하고, 노래하고 춤추고 운동하는 예체능의 생활화 등 즐거움을 가장 중시해야 한다. 대전광역시의 복지만두레 같은 공동체 정신을 살려 나누는 기쁨, 배려하고 정을 나누는 품앗이 정신을 살리면 가난해도 행복한 낙원을 만드는 산실이 될 수 있다. 효문화의 메카, 대전은 효문화와 충효예, 인성교육을 강화하여, 노인이 먼저 자녀와 젊은이, 어린이를 섬기는 경로학교가 되면 나와 가정, 사회, 국가는 교육혁명의식개혁이 어렵지 않게 이루어질 것이다.

다섯째, 한국의 위인들을 찾아 그들의 삶의 모습을 보고 배워야 한다. 최고령 재계 창업주 정재원 정식품 명예회장은 현재 100세이다. 의료 강습소 급사로부터 출발 의사가 되고 40대에 유학 50대에 창업 99세에 콩 전도사로 콩박물관을 세운 도전정신을 산 교재로 삼아야 한다.

죽을 각오로 새희망 색칠하는 94세 老화가 백영수 화백의 집념, 노인이 행복한 나라, 사회적 효행자들이 만드는 오늘의 효아너클럽을 만든 백상기 사회적효행운동본부 총재의 공헌, 중장년층의 멘토, 유일한 상 수상한 김형석(97세) 연세대 명예교수의 고독이라는 병 등 수많은 철학 수필집과 강연하는 열정, "늙어서 꿈이 없다고요? 난생처음 맞는 오늘을 즐기세요" 외치는 여성학자 박혜란 씨, 40세 때 맨손으로 건설업체 일해 도전으로 이룬 인생 역전시킨 뚝심의 노회장을 본받자.

우리나라엔 세계 최고의 으뜸 문자를 만든 세종대왕이 600여 년 전에 백성을 위하여 농업, 과학, 음악, 의학 등 좋은 일을 많이 하였다. 애민정신을 만들어 모든 국민들의 행복을 목표로 함께 손잡고 경로당 학교를 최고의 교육장으로 만들어 보자.

자서전 쓰기

자서전은 거짓 없이 솔직해야 하며 가장되고 업적을 부풀리면 눈총을 받는다.

김구의 '백범일지'는 준 문화재로 75주년이 되었다. 이순신의 '난중일기'는 국보로 지정되었는데 기록하고 남겨둔다는 일은 정직한, 공의로운 가치관에서 우러나온 것이다.

허정의 '내일을 위한 증언'은 오랜 기간 동안 나라의 운명을 같이 한 인물로서 당시 상황을 역사서에 나와 있지 않은 것까지 자세히 나와 있다.

모든 사람이 일기를 쓰고 자서전도 남기고 자신이 연구한 기록도 남기면 성숙한 사회 나라 발전에도 기여하는 것이다.

'세상은 넓고 할 일은 많다'(김우중) '시련은 있어도 실패는 없다'(정주영) '호암자전'(이병철)은 대우, 현대, 삼성을 이루어낸 역경과 고난의 기록으로 힘이 되었다.

슈바이처의 글, 유성룡의 '장비록', '장기려 그 사람', 김은주의 '순교자' 심훈의 상록수, 법정스님의 '무소유' 등 한결같이 '고난과 역경을 극복한 성공이 참성공이며, 알찬 성공이다.'

우리 모든 국민들은 세계평화와 행복을 바라기에 위대한 성현, 스승, 인물을 배우고 본받는 길은 자서전을 읽고 쓰기를 생활화해야 한다.

오바마 부부 자서전은 판권료가 무려 734억 원인데 8년간의 백악관 생활이 담길 예정이고, 역대 美 대통령 자서전 중 최고가격이다.

1970년대 민청학련 사건과 오적(五賊) 필화 사건 등으로 2206일(6년)을 복역했다가 재심에서 무죄판결을 받은 김지하(73) 시인은 35억원의 배상을 받게 되었다.

클린턴 자서전 '무슨 일이 일어났는가'가 내달 나오는데 트럼프가 "내 목에 입김… 소름 돋아", "변태야, 저리 꺼져" 욕할 뻔 했고 대선 실패 평생 감수해야 할 일을 기록했다. 거짓 없는 진솔한 글일 것이다.

절판됐던 '김영삼 회고록'은 재출간하기로 했는데, 퇴임 이후 6만부 출간했으나 판매도 저조, 서거 계기로 저서 재조명 움직임도 있다는 기사도 있고, 문재인 대통령 시대를 이끌어갈 인물들 '문재인 사람들' 새 정부 이끌 222명 집중 탐구한 책이 나왔다. 이것이 요즘 잘 팔리고 있다.

우리의 지인으로 순리치유법을 창안하고 순리원을 세운 옥미조는 일하면서 일하고, 일하면서 쉰다. 쉬면서 일한다는 법칙을 세우고 희생과 봉사하며 하나님의 영광을 가리지 않는다고, 세계에서 가장 많은 일을 하고 책 500권을 내었다. 자서전 '바람글자와 진뱀이섬의 노래'는 옥미조의 삶과 꿈을 그렸다.

남천 엄기원의 회고문집 '행복은 내 곁에 있었네'는 행복을 늘 우리 곁에 있다면서, 교육, 문학, 예술활동과 성장과 가족 등을 화보와 함께 기록 출판하였다.

솔뫼 김영훈은 '습작 20년, 등단 30년 솔뫼의 삶과 문학이야기'를 내었다. 내 삶의 바탕이 되어 준 문학, 그리고 교육자의 길, 자천 작품시 아동소설 동화 청소년 소설 아동문학 평론 작가 작품, 김영훈 평전 등 480쪽의 대작이다.

청파 김흔중 목사는 수상문집 '새벽별은 저쪽 위에서 빛나고'를 출간했다. 80평생 동안 심혈을 기울여 집필한 옥고를 정성껏 다듬어 알맞게 편집하여 품위 있게 간행했다. 청파는 위풍당당하고 홍안에 꿋꿋한 몸매의 당당함, 온유 겸손하나 때로는 사나운 파도가 되기도 한다고 도수휘 박사도 평하였다. '대한민국이여 영원하라!'며 성서지리학자도 10권을 발간하였다.

우단 작가는 '횃불'을 내었다. 선대의 사상이나 행적을 후손에게 알리는 게 도리라며 나라사랑 만되심, 선대의 자주독립정신, 한반도의 농어촌 이야기, 모정 만리 향 참다운 인간관계를 기록했다. 민족의 염원인 자주독립과 소원인 평화통일을 염원하는 새로운 한반도 노래도 지었다. 작가는 여러 번의 회장과 사업을 넘나들면서 가늘고 길게 살아온 연륜은 독특한 생애의 나이테를 연상케 한다.

도산 이석구의 談論集은 사랑, 열정, 신의의 기록이다. 太白山에 올라가니 세상만사 우스워라 山탑不里 한 눈에 넣으니 그까짓 만두도성 개미집과 뭐 다른가, 재미있는 애송시다.

평양 답사기, 자식의 자격, 선거에 이기는 길 등이 돋보인다.

자서전은 꼭 써야 한다. 세상에 태어나 무엇을 어떻게 하며 살았는가? 죽기 전에 기록에 남기어 먼 곳으로 여행 가듯 가야 한다.

2부

더한힘 · 다산학당과 새 인생

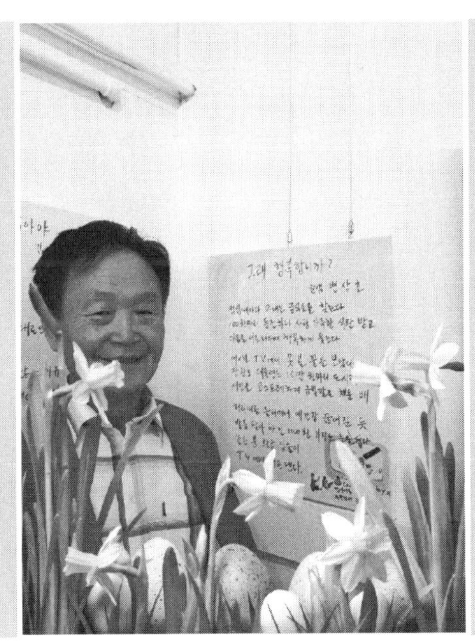

〈창의문학관〉
대전펜문학회 시화전시회에서

제주 탐방기

한국해외문화교류협회와 한국교육가족연합회 제주지회가 창립되고 사무실을 마련, 현판식과 출판기념회를 한다기에 김우영 대표 등 15명이 지난 6월 29일 청주공항에서 비행기를 타고 제주도에 갔다. 제주지회 사무실은 이미 문예창작 교실로 활용되기에 가난한 문인들이 큰 일을 했으니 발전을 빈다.

볼 곳도 많고 갈 곳도 많은 제주도. 우리들은 항몽유적지, 장한철 표해록과 기적비, 유머문학, 의녀 홍윤애 순애보, 애월 이야기가 있는 현장으로 가서 해설을 듣고 역사의 단면을 보았다.

가장 볼 만한 것은 7, 80명의 몽골인 기수들이 말을 타고 활쏘기, 칼싸움, 창던지기 등 전투하는 모습인데, 주인이 전사하면 태우고 가던 말도 같이 쓰러져서 한동안 누워 있다가, 주인을 싣고 일어나 퇴장하는 연기가 인간 못지않았다.

우리 민족의 위대한 영웅 '광개토대왕' 공연은 웅장하고 대대적인 말들과 인간의 합동공연이었다. 몽골, 지금은 존재가 미약하지만 징기스칸이 지배하던 몽골은 중국을 정벌, 유럽까지 진출했으니, 제주도가 점령당하며 93년간이나 지배당한 것은 우연이 아니다.

끊임없이 침략하는 몽골, 중국, 일본의 침략을 막아보려고 서울의 3배가 넘는 제주도의 해변가 둘레인 수많은 성과 진을 세웠는데 지금도 3성 9진이 남아 있다.

제주도민의 생활습관이나 언어 등에도 영향이 많을 텐데 후예도 많은 것은 어쩔 수 없는 현실이다. 제주도가 미지의 보물섬이고, 눈물의 신비한 화산섬인 것은 제주 4.3 평화공원을 가면 알 수 있다.

몽골과 일제감강점기를 합하면 130여 년이 되는데 그 고통보다 1945년 8.15 해방이 되고, 1947년 3.1절에 경비하던 경찰의 발포로 6명의 주민이 살해된 것이 최초로 시작 1954년 한라산 금족구역 해제까지 7년 7개월간 무슨 일이 일어났는가? 총파업 3.1 사건 재판, 남로당 무장투쟁, 지서습격, 미군정 소탕작전, 토벌대 주민 집단 총살, 이승만 계엄령 선포, 서북청년회 단원 경찰로 임용, 토벌대 주민 집단총살, 피난민 숨은 굴 속 불 질러 질식시키고, 자수자 150명 집단 총살, 또 집단 총살 등으로 2만 5천명 이상 3만여 명이 집단 살해되었다. 우익, 좌익이 뭔지도 모르는 대부분의 주민들, 남로당 무장 세력을 소탕한다고 총칼 없는 남녀노소가 무참하게 희생되었다.

1950년 6.25 전쟁이 발발하여 더욱 피해가 컸다. 바다에 예비 검속했던 수감자들을 수장시키고, 총살 후 암매장, 집단 총살 등으로 제주도민 9명중 1명이 희생당했다. 1954년 한라산 금족구역 해제되고 산간 부락 입주 및 복귀가 허용되기까지 7년 7개월 학살은 계속되었다.

새천년이 되어서야 제주 4.2특별법이 공포되었고 진상보고서가 채

택되었으며 66주년에 4.3을 국가기념일로 지정되었다. 제주 4.3이 우리나라 역사의 여정, 역사적 진실을 찾아야 하고 우리는 발견해야 한다. 3만여 명의 무고한 희생이 그냥 허공에서 사라지고 땅 속에 묻혀버리면 안된다.

가슴을 에는 고통과 슬플, 분노를 기억해야 한다.

현대사 최대의 비극 제주 4.3은 꼭 기억해야 한다.

서너 차례 제주도 관광은 왔으나 제주 4.3평화공원을 못보고, 신문, TV에 4.3기념식 하는 것을 보았으나 막연하게만 알았을 뿐인데, 이번에 확실히 알게 되었다. 제주도의 역사도 관광버스 기사와 안내양이 잘 알고, 해설해 줘서 많은 것을 알게 되었다. 함께 관광버스를 타고 다니고, 시낭송 등 공연을 하고 호텔에서 같이 자면서 한진호 시인, 문진섭 목사, 설경분 낭송가, 송기동 전 대전중부소방서장과 친교를 두터이 하고 우정을 나눈 것은 큰 보람이었다.

처음부터 귀국할 때까지 같이 동행하고 안내해준 문경훈 한국교육가족연합회 제주협의회장을 비롯한 고훈식 지회장 등 임원들과 회원들이 고마웠다.

황인경 소설가, 다산 만나 대박

다산학당이 한밭에 태어나, 나는 제1기 수강생이 되었다.

황인경 소설가는 1984년 월간문학에 '입춘의 길목에서'로 당선된 신인 작가이다. 그런데 그는 다산의 삶을 소재로 쓴 장편소설 "목민심서, 정약용, 다산 정약용의 인과 효제, 떠오르는 섬, 돈황의 불빛을 써서 대박이 나 성공했다. 인간시장으로 100만부 이상 팔아 대박이 났다는 김홍신 작가가 국회의원에 당선된 유명인사라는데, 황인경 소설가는 6, 7백만 부가 팔렸다니 대 대박이 났으니, 최고의 인기 작가가 아닌가? 얼마나 벌었느냐고 질문 했더니 웃기만 했다. 참으로 궁금하지만….

그 후 황 작가는 창의적이고 혁신적인 산업체에 투자하여, 대박이 났으니, 또 한 번 성공 최고의 인기작가에 부자의 길을 안 천재인 셈이다. 그는 300억 원쯤 투자하여 '목민관'을 만들어 유치원부터 청소년, 시민 등을 교육시키고 체험활동을 시켜 인제를 기르고, 세상을 바꾸는 의식개혁을 하는 학문의 장을 대전 인근에 세우고 싶다고도 하였다. 다산의 개혁사상, 애민정신을 제대로 학습하여 우리 사회가 발전시키고 실사구시 철학을 시대정신으로 승화시키겠다니 얼마나 장한가? 소통과 협력 속에서 행복하고 청렴한 시회를 만드는 원동력이 되게 하길 기대하며, 다산연구소나 다산학당을 운영하고 배우는 시민들과 합심하면 선진사회 선진국 되는 길이 빠를 것 같다.

그는 경기도 양주군의 다산 생가, 강진의 사의재 강진 유배 18년 등 11년을 보낸 다산초당을 찾아 다녔고 500여 권의 방대한 저서 중 '표'로 끝나는 책 하나와 '서'로 끝나는 '一表二書, 경세유표 흠흠신서'를 현장에 가보고 확인하고 연구하였으며 결론은 '참된 지식은 행동이다.'라고 하였다. 조선의 위기인 임진왜란과 병자호란, 국가질서 문란하고 국가제정이 궁핍하고 백성들의 궁핍한 삶도 심도 있게 연구하는 든 전심전력, 전력투구하여 대성한 작가이기에 그의 앞으로 활동은 우리나라 앞날에 크게 기여할 줄 믿는다.

牧民(목민)은 힘없고 약한 백성들을 돌봐주고 보살펴준다는 의미이고 心書(심서)는 백성을 보살피고 싶지만 그렇게 하지 못하는 안타까운 마음으로 낸 책이란 뜻이다.

"뜨거운 마음으로 세상 만물의 위험과 고통을 구제해주고 냉철한 눈으로 염량세태를 관찰하라."고도 하였다.

다산의 2천여 편의 참담한 詩들

다산은 임금을 사랑하고 나라를 근심하지 않는 것은 詩가 아니라 했다. 시대를 아파하고 세속을 통분해 하지 않는 것도 시가 아니고, 잘못을 풍자하여 선을 권장하고 악을 징계하려는 뜻이 없으면 시가 아니라고 했다.

다산은 현실을 비판하는 社會詩를 썼다. 머리부터 발끝까지 병들지 않은 데가 없고 썩을 대로 썩은 조선 기아선상에서 허덕이는 백성들을 혹독하게 착취하는 대지주 양반들 , 당파싸움은 극심하였기에 무슨 병이 들었는지, 고혈을 빨아 먹는 관리들을 귀양살이 하면서 똑똑하게 보고 농민의 생활을 세밀히 관찰하고 시를 썼다.

남들처럼 서정시도 썼으나 대부분이 고발하는 사회 시이다.

간사한 아전들은 거짓말만 늘어놓고
답답한 선비들은 걱정이라 하는 말이
"오곡이 풍성하여 산더미 같은데
게으른 몸 굶는 것은 모두다 제 탓이지"
갈밭 마을 젊은 아낙, 울음도 서러워라
동헌 향해 통곡하고 하늘에 울부짖네

군인 남편 못 돌아옴은 있을 법한 일이지만
옛 부터 남자 절량 들어보지 못했노라.

유배 생활을 하였고, 윤단의 별장에 책이 2천여 권 있었기에 다산 초당에서 제자 18명을 가르치고 그들의 도움으로 책을 썼다 한다.

노인건강 전국대회에서 우수상 받은 늘푸른예술단 창단기념 순회공연

다산의 유배지 현장학습

다산학당 제1기 수강생은 모두 66명이다. 김창수 소장, 이준건 부소장, 이창기 다산학당 학장 도시공감연구소와 대전대학교가 공동운영하는데, 전국에서 저명한 강사들을 모셔 와서 다산의 목민 리더십, 정약용이 묻고 공자가 답하다. 아버지 다산, 내가 만난 정약용 등을 학습하고 지난 11월 10일에는 현장학습을 위해 전남 강진을 갔다.

오가는 천리 길을 다산은 수레를 타거나 걸어갔을 텐데 며칠간이나 걸었을까? 버스를 타고 가도 서너 시간 걸리는데, 우리 수강생들은 다산 초당, 다산 박물관, 다산동암, 보정상병, 사의재 등 다산이 머물고 배우던 여러 곳을 견학하였다. 정호승의 시 「소나무의 뿌리를 밟고 가다」도 읽어보고 김영랑 시인의 생가와 시박물관도 견학하였다.

오고가는 동안 이준건 부소장의 사회로 목민회원들의 자기 소개가 있었는데 모두들 쟁쟁하였다. 이명수 국회의원이 부부동반 하였고, 조근희 대전 보건환경 연구원 부장은 모친을 모시고 왔다. 그의 모친은 다산을 존경해서 이곳을 세 번이나 왔고 딸에게 권유해서 다산학당에 보낸, 다산 정약용 스승 남도 유배지 따라가기에서 강진 유배지를 견학하고 다산과 同하였다.

12월 8일에는 다산의 생가 남양주를 견학하고 다시 한 번 다산을 배우기기도 하였다. 금산에서 사업을 하는 송동섭 도시공감연구소 이사장을 다산 원우회 목민회장으로 추대하고 여러 임원진도 조직 중이며 회비는 50만원으로 정하였으니, 좋은 사업도 기대된다.

다산학당에서 배우는 목민회원들이 자신의 의식을 개혁하고 대전시를 개혁하고 이 나라를 정의사회, 평등 자유세계로 변화시키는 원천이 되게 하자. 양심의 행동화, 아는 것으로 끝나지 않고 실천하는 목민회원들이 되고 시민의 삶속에서 꽃 피어나길 기대한다.

한밭다산학당 제1기 수강생이 되고
수료 후 목민회 고문이 되다

더한힘 연구원에서 새 사람 되다

나는 어린 시절부터 가난 때문인지 내성적이고 소심하여 얌전하고 주눅 들어 살아야 했다. 어른이 되고 교사가 되었으나 제대로 말도 못하고 경청만 하는 쥠잖다는 말만 듣는 재미없는 인간이었다. 그럭저럭 40여년이 지나 정년퇴직하고도 별 볼일 없었다.

여기저기 시민대학 등에 다니며 배우는 기쁨은 컸으나 홍사단에 입단한 지난해, 같은 단원인 여러분에게 82년 만에 처음 낸 수상집 '행복의 여백'을 한 권씩 드렸더니 더한힘리더십 김종욱 원장님이 수강하라고 권유하기 시작했다.

끈질긴 열정에 수강해 보니, 내용이나 강의 방법이 특이하였다. 차츰 심취하다 보니 재미도 있고 자신감이 생겼다. 소심한 내가 당당하고 활기찬 새 인간이 된 것이다. 하는 일도 잘 풀리고 모든 게 뜻대로 승승장구하니, 너무 고마워 은혜 갚을 생각을 하였다.

15년간 어려움을 극복한 그 열정이 안쓰럽기까지 하여, 제자가 스승의 고마움을 표하고 싶어 마침 지난 5월 15일은 스승의 날이라, 기념행사를 하고 교육문화대상 시상식을 더한힘 연구원에서 하였다. 우리나라가 경제대국이 된 것은 인재들을 육성한 스승의 공이 크기에 네 분의 스승에게 상을 주었다.

15년째 4800여 명의 리더들에게 자신감과 잠재력을 발휘케 한 공이 큰 한국 더한힘 연구원 김종욱 원장님. 30여년간 순리치유학을 연구하여 10여만 명의 환우들의 건강을 회복시켜주고 외국에도 순리치유대학을 설립하고, 500여 권의 저서를 발간한 거제민속박물관 옥미조 관장, 홍명학원을 설립하여 40여 년간 4만여 명의 인재들을 육성한 금산문학관 이석구 관장, 중등대학에서 인재들을 가르치고 정년 후에도 평생교육을 시키는 한밭대학 인문대학장 김선호 명예교수에게 상을 드렸다. 나는 지난해 한국교육가족연합회를 창립한 후 첫 사업을 한 것이다.

한국교육의 발전을 위하여 혁명적 학습을 하여 자신감과 잠재력을 키워주는 연구원. 불안과 긴장을 스스로 풀게 하고 말 잘하기 훈련을 시키는 김종욱 원장, 15년간 5천여 명을 배출하였다.

6.13 지방자치 선거에서 당선한 동문들이 시장, 교육감, 구청장, 시의원, 구의원, 군수, 군의원 등 20여 명이다. 나도 CEO 54기를 수료하고 강사가 되어 일주일에 하루, 수요일 강사로 가르치고 있으며, 총동문회 비전 수석 부회장을 맡고 있다. 더한힘은 2003년 개강하여 중학생부터 대전시장, 교육감에 이르기까지 5천여 명의 리더를 배출하였고, 현재 강사가 350여 명이다.

김종욱 원장은 열정이 대단하다. 열 번 찍어 안 넘어가면 백 번, 천 번 찍는 상상 이상의 교육혁명가이다. 이 세상을 아름답게 꽃피울 역사적 사명감으로 인재들을 육성하고 있다. 나도 이곳을 수료한 후 새사람이 되었는데 제자신이 감탄할 정도로 말을 잘하고, 판단력도 정확하며 아이디어도 샘솟고 있다.

지구상에서 가장 이기적인 인간은 탐욕 때문에 망한다. 히틀러, 일본 천왕이 그렇고 우리나라 대통령들도 본인은 물론 자식과 형제들의 욕심 때문에 감옥에 가고 나라는 어지럽다.

더한힘 교육을 받은 동문들이 먼저 의식개혁을 하고, 함께 이 사회 이 나라를 바로 잡으려면 청렴하고 열정 있고 지혜로운 인재를 육성해야 한다. 이창기, 유병로, 허태정, 설동호, 장종태, 신윤종 멘토 등 5천여 명의 리더로서 원장과 함께 이 나라의 위대한 지도자들을 육성 발굴하길 기대된다.

더한힘리더십 수료 후 강사가 되어 매주 수요일 강의를 하다

더한힘 15주년 기념 리더십의 축제

총동문회장 이, 취임식이 웨딩컨벤션에서 열렸다.

15년간 초지일관 일편단심, 불철주야, 동분서주 사명완수에 매진한 김종욱 원장의 결실을 보는 듯하였다. 초빙 강사의 특강, 전 기상청장 조석준 님의 기후변화와 인류의 미래는 내용은 좋았으나, 50분 강의는 너무 욕심이고 더구나 행운권 추첨으로 많은 시간이 낭비하여 시상 / 감사장 / 공로패를 전달하거나 영상진행도 못하여 아쉬움을 남겼다.

뛰는 자 위에 나는 자 있고, 나는 자 위에 인터넷이 있고, 인터넷 위에 신이 있다. 리더는 항상 고수가 있다는 것을 알고 겸손하라는 말이다.

목표 없이 성공하려 함은 과녁 없이 명중하려는 것과 같다. 하늘은 스스로 돕는자를 돕되 꼭 사람을 통하여 돕는다. 님은 신의 직무대행자이며 주변에 인물 없다 한탄 말고 본인 스스로 인물 될 공부를 하라고 수업이 끝날 때마다 모두 함께 도산 안창호 선생의 어록을 합창하는 열정은 변함없을 것이다. 교육학자이며 선구자인 보성 김종욱 원장의 혁신적이며 보편성이 있는 수업 방식이 전 교육기관에 보급되어 전국화 되길 소망한다.

교육감과 학교장, 유치원장들이 직접 수강하고 현장에 활용하면 대한민국은 확 달라질 것이다. 김원장의 헌신적이고 열정적인 노력으로 수강생들은 수줍음과 나약한 자세가 확 달라진다. 수강생과 수료생 모두는 성공의지를 갖고 성공을 서로 돕는 만남의 장이 총동문회이고, 임원회를 자주 열어 지혜와 아이디어를 모으면 더 큰 힘을 가진 단체가 될 것이다. 지금은 혼자 동분서주하면서 애태우고 있으나 머지않아 350여 명의 강사들과 5천여 명의 동문이 단합된 모습이 큰 힘을 발휘할 것으로 기대된다.

2018년 스승의 날 기념 교육문화상 수상자와 함께

홍사단과 다산학당

홍익인간을 건국이념으로 5천 년 역사를 지켜온 우리 민족에겐 참으로 많은 위인, 애국열사 지사들이 있다. 세종대왕, 충무공을 비롯하여 다산 정약용과 도산 안창호, 백범 김구, 단재 신채호 등 수 많은 애국자들을 우리는 어렴풋이 알 뿐 정확하게 알지는 못한다.

나 자신 초·중·고·대학을 다녔고 33년간 교원으로 학생을 가르쳤지만 역사를 제대로 배우지도 가르치지도 못했다. 늦게나마 80대에서야 대전 홍사단에 입단하여 도산의 일생을 알게 되었고 어록을 중심으로 연극 공연에 일조하였다.

김용복 극작가의 작품을 이완순 각색, 김기출 연출, 양동길 음악감독으로 '청년들이여, 낙망하지 마라'란 극을 지난 10월 7일 제10회 孝文化 뿌리공원 축제 때 수변무대에서 공연하였다. 나도 신익희 역과 명예 감독으로 참여하였지만 20여 명이 3개월 연습하여 아마추어의 벽을 넘길 만큼 호연을 하였다. 시낭송, 노래, 춤 등 재미있고 감동적인 연기로 많은 관객들의 환영을 받았다. 초·중·고등학교와 시민들을 위한 순회공연을 12월 10일 세종시 종촌고등학교에서도 하였다.

나는 매월 월례회에서 평화와 통일, 독립운동사 등 강연도 듣고 현충원 애국열사도 참배하고 남한산성 기행도 같이 가면서 도산정신을 배우고 있다. 또 그 정신을 실천하기 위하여 '더한힘 연구원'을 다녔다.

홍사단원인 김종욱 원장은 자신감과 잠재력을 키우는 강좌를 15년간 계속하여 5천여 명의 리더들을 배출하였다. 금년 선거에서 당선된 동문들이 20여 명이니 더한힘 교육은 성공한 셈이다.

나도 3개월 과정을 마치고 수강생들을 교육하는 정강사가 되었다. 교육의 혁신, 개혁을 실천하는 원장과 350명의 강사들은 이 나라 새 교육 선구자들이라 할 수 있다. 가장 중요한 자신감을 키워주기 때문이다. 나도 뭔가 항상 부족한 듯 했는데 지금은 당당하고 적극적이고 열정이 넘치니 모든 일이 원만하게 잘 되고, 승승장구하고 있다.

나는 200여 년 전에 '지금 개혁하지 않으면, 나라가 망한다'고 외친 다산 정약용 선생의 말씀대로 개혁하지 못한 조선은 망하고 말았다. 다산은 "시대를 아파하고 세속에 분노하지 않으면 시가 아니고, 청렴은 만 가지 착함의 원천이요 모든 덕의 뿌리"라고 하셨다. 다산은 변혁을 추구하던 개명한 군주 정조대왕을 만나 벼슬살이를 하였으나 훗날 반대자들의 방해로 유배생활을 하였다. 18년 유배생활하며 18명의 제자들을 육성하고, 500여 권의 저서를 내었다. '유배인 줄 알았는데 유학이었구나.'

다산의 정신은 예나 지금이나 살아야 한다. 우리 민족의 전국 곳곳에서는 부정부패 비리가 나날이 하나씩 밝혀지고 있다. 사립유치원, 요양원, 여러 공공기관, 귀농단체와 살인강도 등 강력범죄나 사기사건이 나날이 늘고 있으나 대책은 신통치 못하다. 언론과 작가들이 정의사회 구현을 위하여 다산과 도산 정신을 이어받아 말하고 글쓰기를 하여 국민의 마음을 대변하고 새 사회를 함께 만들기 바란다.

날개를 펴라

내가 햇병아리 교사로 삼성국교에 부임한 때는 1957년도. 육이오 전쟁으로 잿더미가 된 이 나라의 국민들의 삶은 너무 어려워 분유나 옥수수 기루를 끓이거나 빵으로 만들어 어려운 아이들의 점심을 때우기도 하던 시절. 내 반에도 병든 부모를 대신하여 소년가장으로 껌팔이 하여 생계를 유지하는 한수란 소년이 있었다. 그는 다방이나 유흥업소를 찾아다니며 껌을 팔기도 하고 광고지를 나눠 주기도 했지만 수입이 좋은 양담배를 팔다가 곤욕을 치르기도 하여 배짱도 좋았고 말썽도 많이 부렸다. 더 어려운 아이, 강일은 소아마비 중증으로 두 발을 전혀 못 쓰기에 누이의 등에 업혀 등하교는 물론 화장실까지 다녀야 했으므로 날개 잃은 새처럼 마음대로 놀 수가 없으니 웃음을 잃고 말없이 살아야 했다.

그런데 어느 날 말없는 급우인 오섭이가 하교하다가 손수레의 철근에 얼굴이 찢기는 사고가 났다. 그때 급우들에게 성금을 거두어 치료비를 대주는데 앞장선 아이가 한수, 기주, 회식이었다. 이를 계기로 학교신문을 맡은 나는 「도시락 나눠 먹기」 등 콩 한 개라도 나눠 먹자는 운동을 펼치고 불우한 이웃돕기 운동을 꾸준히 하였다.

'어둔 맘을 활짝 여는 길은?'

일기를 매일 쓰게 하여 하고 싶은 말들을 읽었고, 틈나는 대로 노래를 불렀다. 3학년이 13반인데 풍금차지가 어려웠으므로 손뼉치기가 고작이었다.

북은 활달한 한수가 차지할 때가 많았다. 심지어 소풍날에도 한수가 큰 북을 메고 맨 앞에서 '둥 둥' 북을 치며 흥을 돋우었다.

가끔 강당에서 작은 음악회도 열고, 학예회도 하며 닫힌 마음의 문을 열게 하고 깔깔거리며 꿈을 키웠다. 후에 난 10년 근속상을 타고 삼성교를 떠나 산촌, 바닷가, 섬 등에서 새로운 아이들과 수없이 만나고 헤어졌다.

섬에서 하숙할 때, 어느 날 텔레비전에 강일이가 휠체어를 타고 현악 4중주 단원으로 연주하는 모습이 보였다. 대전 성세재활학교에서 중증 장애자 동창생들이 고입, 대입을 검정고시로 합격하고, 미국에 유학하여 음대와 대학원에서 장학생으로 수학하고, 석사과정을 밟으며 2백여 회의 순회공연을 하다가 귀국하여 한국소아마비협회와 정립회관이 제정한 제7회 삼애(三愛) 봉사상을 받는 자리였다. 강일이가 잃었던 웃음을 찾고 바이올린에 상상의 꿈을 펼쳐 세계인에게 기쁨을 준다니 어려움을 딛고 가는 길이 얼마나 장한가? 훗날 그의 부모가 병상에 있는 나를 문병 와서 자세한 얘기를 해줘서 더욱 고마웠다.

북치던 소년 한수는 아펜셀라 장학생이 되었는데도 중학교를 중퇴하고 드럼 연주자가 되어 MBC악단에도 잠시 있었고 밤업소에서 근무하며 낮에는 연예인협회 홍보실장, 세계연예신문 대전 총무국장 등으로 억울한 회원들의 권익을 위해 법원을 찾아다니는 등 애를 쓰고 있었다. 대중음악인이지만 어린이들을 위해 신나는 동요곡을 짓는 게 꿈이라고 했다.

말없는 소년 오섭이는 충남대를 나와서 MBC 라디오 PD가 되어 음악프로 등 여러 프로를 맡아 지역 문화예술을 위해 힘쓴다. 언젠가 한수와 어린이 회장이던 회식 내외가 나를 초대하여 함께 노래도 부르고 옛이야기도 하였다.

그의 모친이 꼭 보고 싶다고 하여 갔더니 섭이의 방에는 수천 권의 책과 음악 테이프, 레코드판이 잘 정리되어 있는 것을 보고 놀라웠고 부럽기까지 했다. 지금도 가끔 보문산 야외 음악당에서 열리는 글짓기 대회나 한밭 백일장에 아들딸을 데리고 나오는 섭이와 한수 내외를 만나곤 한다. 그의 아들딸이 고개를 갸웃거리며 글 쓰는 모습을 보면 그들이 저만했을 때 삼성 문예부원들을 데리고 공주, 서울까지 쫓아다니던 날들이 생생하게 떠올라 웃기도 했다.

"건강 생각해서 술 좀 줄여라."

"요즈음 경기가 안 좋다던데…."

지금은 모두 훌륭한 사회인이 되었지만 나는 아직도 한길 가에서 철모르게 뛰어노는 아이들 같아 만날 때마다 잔소리를 많이 한다.

북 치던 소년(少年)

대전일보에 연재되는 낙도순례에 이곳이 소개된 며칠 후 제자로부터 시외전화가 왔다. 뜻밖의 목소리는 60년대 초에 삼성교에서 가르쳤던 한수였다. 대전에 오면 꼭 연락해 달라며 집과 직장의 전화번호를 알려주었다.

그때의 수많은 제자들 중에 그 소년은 도저히 잊을 수 없는 것은 가정형편이 어려워 소년 가장 노릇을 하며 아버지를 간호하였고, 동생들을 보살피는 어려움 속에서도 항상 웃음을 잃지 않았기 때문이다. 신문이나 껌 몇 통을 들고 다방이나 유흥업소를 헤매며 괄시도 많이 받았지만 어느 땐 온정을 받고 고마워하는 마음을 3학년 일기에 곧잘 적곤 하였다. 한반 급우가 철근을 실은 손수레에 얼굴을 다쳤으나 치료비가 없어 입원도 못한 적이 있었다. 당시 누구보다 앞장서서 모금운동을 했던 어린이가 한수였다. 이 일을 계기로 학급별로 점심밥 나눠먹기가 전교적으로 펼쳐 나갔고 우정의 샘이 곳곳에 솟아나기도 하였었다. 우울할 수밖에 없었던 그의 생활에도 외국의 어느 독지가가 매월 얼마씩 장학금을 보내 주어서 보탬이 되었다. 헤어진 지 10여 년 후 소년은 의젓한 모습으로 찾아왔다.

「중학교에 진학은 했으나 학업을 계속하진 못했어요. 3학년 때 새로 사온 악기 중에 큰북을 치도록 음악시간이나 소풍 때에도 기회를 주시지 않았어요? 그 탓인지 음악을 좋아했고 결국은 딴따라가 됐지요.」

제대로 배우지 못한 탓인지 실패도 하고 여러 번 좌절도 하였으나 평범하게 살아간다며 웃음은 변함이 없었다. 무엇보다 투병 중이던 아버지가 완쾌되어 기쁘다면서 옛이야기를 나누며 먹는 과일은 맛도 더 좋았다. 이제 또다시 10여 년이 지났건만 떠오르는 모습은 젊은이가 아니라 신나게 북치던 순진한 소년이다.

지금은 어떻게 살고 있을까? 생활은 어려워도 훌륭한 연예인이 되어 떳떳하고 밝게 살리라 믿으며, 길지 않은 만남이었지만 서로 잊지 않고 살 수 있음은 얼마나 큰 풍성함인가.

웃음 찾은 소년(少年)

몇 달 전의 일이다. 하숙집에서 텔레비전을 켜니 현악4중주가 은은히 연주되고 있었다. 그들은 모두 성한 몸이 아닌 소아마비의 젊은이들이었다. 그런데 그중에 얼굴이 둥근, 바이올린을 연주하는 청년은 낯이 익은 모습이 아닌가.

강일이, 그는 웃지 않는 소년이었다. 날개 잃은 새처럼 양발을 모두 쓰지 못하니 웃을 수가 없었다. 등·하교는 물론 화장실에 갈 때에도 꼭 누나의 등에 업혀야 했기에, 친구와 어울려 놀 수도 없었다. 그 누나는 친누나는 아니었으나 공부가 끝날 때까지 교실 한구석이나 복도에서 서성거리며 기다리는 것이 일과였다. 체육시간에는 운동장 나무 그늘에 앉아 피구·달리기·축구하는 모습을 한없이 부러운 시선으로 지켜보는 무표정이었다.

외로움과 절망에 빠졌을 때에 인내나 극기정신도 심어주지 못하는 무능만 남기고 헤어졌다. 소아마비나 뇌성마비는 천형(天刑)처럼 국가에서도 못 본 체 했으며 부모들까지 방치하거나 심지어 골방에 가두고 인간 이하의 대우를 하는 현장도 여러 번 목격했다.

그러나 모두 외면하지는 않았다. 소아마비를 극복하고 일어선 분, 인간애에 눈을 뜬 몇몇 의사들은 아무도 돌보지 않는 그들과 동거하면서 물리치료의 특수교육을 병행하기 시작하였다.

강일이도 몇 년 후에 재활학교에 진학하였는데, 자원봉사로 1주일에 몇 시간씩 현악기를 가르쳐주는 음악선생을 만나게 되었다. 말 못하는 한을 바이올린에 심었으리라. 같은 처지의 친구들과 뜻과 정열을 바쳐 드디어 높은 경지에 이르러 국내는 물론 일본·미국까지 순회공연을 떠난다니 얼마나 장한가.

초라하던 시설도 창업자의 노력과 정부의 지원으로 훌륭한 시설로 발전하고 그 안에서 치료와 교육과 기능을 익히며 잃어버린 웃음을 찾으려는 청소년들에게 더 따뜻한 사랑을 주소서.

장남 변규환과 캐나다에서
토론토대학 졸업 후
한국에 온 외손자 준하

그대들이 자랑스럽다

개교 100주년의 유구한 세월! 세월이 흘러도 우리들 가슴속에는 영원히 지울 수 없는 그리운 모교와 이름들이 있다. 눈 감으면 아련히 떠오르는 햇병아리 교사시절에 만난 삼성 어린이들.

6.25전쟁을 치른 후 얼마 되지 않은 대전은 폐허 속에서 판잣집을 짓고 특히 북에서 피난 온 피난민들은 가난하고 어려운 생활을 하였다. 대부분의 국민이 봄철 보리가 나오기 전에 식량이 떨어져 허기진 배로 보릿고개를 넘겼고, 세계에서 가장 가난한 나라에 속했다. 학생들은 도시락을 싸오지 못하며 미국에서 원조해 주는 우유와 옥수수로 죽과 빵으로 허기진 배를 채워야 했다.

학생 수는 너무 많아서 몇 개 학년은 교실을 칸막이해서 반 칸 교실에서 50여명이 배워야 했다. 열악한 환경 속에서도 배워야 산다는 일념으로 학부모, 교사, 학생들이 열정을 가지고 공부에 열중하였다. 특히 6학년생들은 전깃불이나 촛불을 켜놓고 밤늦게까지 과외공부를 했다.

소위 일류 중학교 입시경쟁이 치열하여 입시지옥이란 말까지 오랫동안 지속되다가 해방되기까지는 오랜 세월이 흘러야 했다. 그때도 학력도 중요하지만 인성교육이 더 중요하다고 하여 삼성교는 교육부 지정 연구학교가 되어 몇 년 동안 예절 등 도덕적 인재 육성에 심혈을 기울였다. 일주일에 하루는 교사들이 밤늦게까지 토론, 사례 발표 등 연구협의를 통하여 참다운 교육을 어떻게 할 것인가 고뇌하기도 하였다.

나는 젊은 교사였기에 처음에는 축구 지도를 하였는데 학교 가까이 살았기에 새벽만 되면 선수들이 "선생님"을 불러 싫어도 일찍부터 축구를 지도했다. 시합 때엔 날쌘 동작으로 여섯 골을 넣는 걸 보면 여간 기쁘지 않았다. 삼성 어린이들은 열정적이고 도전정신이 강하고 씩씩하여 야구를 특히 잘하였고, 특히 초중등학교 운동회 때마다 학교 대항 800m 계주가 마지막 프로로 운동회의 꽃이었는데 유난히 삼성교가 잘 뛰어 우승기를 많이 타오던 기억이 새롭기도 하다.

나는 문예부도 맡았는데 초등학교에서는 강당에 있는 학교가 삼성교뿐이어서 합창대회, 웅변대회, 예술잔치 등이 자주 열리고 예술의 꿈을 키우는데 아주 좋은 환경이었다.

나는 우리 반은 물론 문예부 어린이들에게 독서지도와 일기쓰기, 감상문, 편지, 산문 등을 아끼는 마음으로 읽고 바로잡아 주는 일을 재미있게 하였다. 그리고 좋은 글을 뽑아 등사판 어린이 신문을 만들어 한 달에 한 번씩 각 교실 뒤 벽에 붙이고 격려하였다. 차츰 발전하여 활자로 인쇄하여 '삼성어린이' 신문은 기자단도 만들어 유명 인사의의 인터뷰, 취재도 하였고, 도시락 나누어 먹기, 가출소녀 찾아주기, 아펜젤러를 통한 미국인과 양부모 맺기, 어려운 친구 돕기, 봉사하기 등 나눔과 배려를 실천하는 사랑 운동을 전개한 것도 잊을 수 없다.

해마다 대전일보사에서는 어린이 예능대회를 개최하였는데 글짓기, 미술, 서예대회에 참가하고 싶은 학생은 모두 데리고 나가서 경연하게 하였고, 공주와 서울에서 열리는 대회도 참가하는 극성을 피우기도 하였다. 한번은 대전충남 백일장이 삼성교 강당에서 열렸는데 운문과 산문부의 대상이 삼성교에서 나와 그 실력을 인정받기도 하였다.

이때 처음으로 대전충남 국어교육연구회가 조직되어 공동 작품집 '아기 눈'이 발간되어 각 학교에 판매되기도 하고, 학교신문 교환운동이 전국적으로 전개되었고 처음으로 전국 글짓기 신문지도 교사 세미나가 서울에서 열리기도 하였다. 이것이 훗날 한국 아동문학의 산실이 되어 오늘날은 원로 중진들이 되어 어린이들에게 꿈을 심어주고 있다.

나는 57년부터 67년까지 10년 근무하고 감사장을 받고 삼성을 떠난 후에도 가는 학교마다 문예를 지도하고 학교신문과 문집을 만들고 웅변, 동화 등을 지도하였다. 문화공보부에서 공모한 동극에 당선되어 문인으로 활동하기도 하고, 환경사랑을 주제로 문예상생대회를 23년째 열어 수많은 어린이들에게 상을 주고 작품집을 내고 전시회를 여는 것을 기쁨과 보람으로 여기며 살고 있다.

이런 행사 때 제자들이 자녀들을 데리고 와서 반갑다고 인사할 때, 제자들의 소식을 들을 때 참으로 고맙기 그지없다. 무엇보다 기쁜 것은 제자들이 신문이나 방송 TV에 나와서 자기의 주장을 글로 써서 알리고, 대담이나 토론을 멋있고 올바르게 하는 것을 볼 때이다. 지금은 정계, 언론계, 법조계, 재계, 교육계, 예술계, 체육계 등 각계각층의 지도자가 되고 선구자가 되어 이 나라의 국민을 위하여 봉사하고 배려하는 삶을 사는 모습이 여간 자랑스럽지 않다. 잊을 수 없는 그 이름들이 정말 고맙기 그지없다.

지금은 그 어렵고 힘든 가난을 극복하고 잘 사는 나라로 만든 그대들이 자랑스럽고 더욱 큰 영광이 있기를 간절히 바란다.

삼성 100주년 그 시절

내가 햇병아리 교사로 대전 삼성초등학교에서 1957년부터 10년간 근속, 근속상을 타고 떠난 지 반세기가 지났다.

2011년 삼성 100주년 기념사업 추진위원회에서 '삼성인의 밤'을 둔산 오페라웨딩 4층 컨벤션홀에서 열렸었다. 2대 총 동문회장 김창수(53회) 회장이 주관, 기념비 설치, 장학회 추진, 여러 가지 사업을 할 예정이라 하였다.

염홍철 시장은 축사에서 지난 1세기 동안 수많은 국가의 동량을 배출한 3만여 졸업생은 오늘의 한국을 있게 한 1등 공신이요 주인공들이라고 칭송하였다. 김신호 교육감은 3만 1500여 명을 배출한 삼성교의 역사를 재조명, 새로운 시대의 소중한 자료로 활용하길 바란다고 하였다. 김창수 회장은 정관계, 후계, 재계, 문화예술계 등 다방면에 걸쳐 인재를 고루 배출 국가의 많은 등량을 키워온 삼성 모교가 '추억 그리고 영광 100년' 자랑스럽다, 힘을 합쳐 나가자고 강조하였다.

내가 삼성초등에서 10년간 사제 간으로 만난 유명 인재들은 수백 명이 넘는다. 나는 꿈속에서도 삼성의 교사로서 가르치는데, 영 말을 듣지 않아 애를 먹는 게 신기하다.

그 날 이상용, 변평섭, 박병호, 박성효, 문형식, 문성식 형제변호사,

박병석 의원, 박장수 시인은 삼성을 기리는 노해란 시를 썼고 21회 졸업생 송좌빈은 삼성인의 긍지와 책무란 격려사로 옛날부터 현재까지 친동기간처럼 서로 아껴주고 사랑하며 행복하게 살자고 강조하였다.

삼성교는 조용순 2대 대법원장과 박학순 내무부장관, 김세중 장관, 여러 명의 국회의원과 명사들을 배출한 대전의 명문교이다. 지금은 사제 간에서 친구로서 동지로서 이런 저런 애기도 하고 같이 살아가는 것도 행복한 인연으로 생각한다.

당신이 있어 더한힘이 빛납니다. 리더십 강사들과 함께

소중한 사람

이 세상에서 가장 소중한 사람은 누구일까? 두말할 것 없이 나 자신이다. 부모 형제, 자식 아내, 친구 등 소중하지 않은 사람이 없지만 내가 있기에 사랑하고 미워하고 돕기도 하고 도움도 받는다.

그런데 소중한 나를 우리는 잘 관리하고 정말 사랑하고 있을까? 비만, 고질병, 가난, 비양심, 배신자, 범죄자, 뇌쇠한 자, 죄인 등은 모두 자기를 사랑하지 않은 결과이다. 나를 진정 사랑한다면 먹고 싶은 것도 하고 싶은 것도 나에게 도움이 되는가. 건강에 도움이 되는가 생각하고 언행해야 한다.

나도 뒤늦게 깨닫고 새벽부터 동네 한 바퀴 걷거나 달리기로 비만 해소에 노력하고, 생활 체조, 노래교실, 평생교육원 등을 찾아다니며 기쁨과 활력을 얻고 있다. 죽을 고비를 몇 번 겪었기에 건강이 제일, 무병장수가 최고의 행복이며 성공이라 믿는다.

나는 더한힘 리더십 연구원에서 30만원 수강료 내고, 말하기 훈련, 스피치 교육을 받고 자신감이 생겼고 말도 제법 잘하게 되고 똑똑해진 것 같다. 무슨 일이든지 어떤 어려운 일도 생각하고 연구하고 기도하면 길이 나온다는 것을 알았다.

남편의 눈물

나의 문학과 아내 사이에서

눈물은 不幸한 者의 것.

너무 기뻐서 감격의 흘리는 눈물도 있지만.

남편은 아내의 不幸을 볼 때, 너무 고마울 때 우는 것일까?

나는 여태까지 아내를 위하여 눈물을 짜낸 기억은 없다.

통쾌한 기쁨도 커다란 슬픔도 없이 무덤덤하게 살았기 때문이다.

경제적, 사회적으로 뛰어나지도 못하고 밑바닥에서 허우적거리지만, 內性的이고 心弱한 때문에 喜怒哀樂을 표현 않고 살았다.

남에게 알몸을 숨기려듯 솔직한 感情을 나타내지 않으려 애썼다.

아내가 不幸을 意識하고 슬픔에 잠겨도, 나의 것은 아니다.

부부일지라도 엄연히 區分해야 한다.

차라리 남의 아내를 보고 남의 남편인 내가 울지 않을 수 없었을 때를 생각해 본다.

〈1〉

남편은 七年刑을 언도받고 교도소에 있었다.

罪名은 殺人.

아내는 結婚 三個月만에 新婚의 단꿈에서 깨기도 전에 너무도 엄청난 事實 앞에 울지도 못했다.

現實은 냉엄한 것.

젊은 아내는 시골에서 교도소가 있는 大田으로 온다.

面會를 다닌다.

죄수의 파란 옷을 입은 남편은 면회마저 거절한다.

한번 두 번 결국 아내의 지성 앞에 굴복하고, 殺人은 했지만 反省하고 회개의 나날을 보낸다.

아내는 가난했지만 面會時마다 푸짐하게 음식물을 매입시킨다.

회사에 취직을 한다.

간부의 유혹을 뿌리치기 위하여 사표를 내고 장터로 나선다.

바구니에 참외며 수박을 한 아름 안고 오가는 사람들을 쳐다본다.

날씨는 무더운데 잘 팔리지도 않는다.

어느 날 紳士 한 분이 몽땅 얼마냐고 묻는다.

모두 3천원은 된다고 하니 3천원을 건네주고 도망치듯 가버린다.

이럴 수가 있을까, 따라간다.

아는 얼굴이다.

결혼식 때 왔던 남편의 친구다.

무슨 말을 할까?

이 말을 듣고 교도소에 있는 남편은 눈물을 흘린다.

이건 아내에게 向한 것과, 친구의 友情 앞에 흘리는 뜨거운 눈물이다.

〈2〉

내가 지금까지 알고 있는 수많은 사람들 중에 가장 眞實하고 善良하며 人間愛가 뜨거운 분을 말하라면, 나는 서슴지 않고 醫師이며 크리스천인 〈성〉씨를 대겠다. 그는 아내와 여동생의 맹장을 수술해 준 분인데, 다른 病院의 수술비용보다 훨씬 적게 받았다.

내가 中高時節 한 敎會에 다녔기에 안면은 있고, 한 동네에 산적도 있어 돈을 적게 받은 게 아니다. 그는 가난하고 弱한 市民을 위하여 他病院보다 훨씬 헐하게 받으면서도, 技能이나 誠意가 남다르게 훌륭하다.

의사라면 判檢事보다도 더 무서워하는 나에게, 判檢事는 罪人만 되지 않으며 一生을 모른 체 살 수 있으나 醫師는 자신이나 家族들이 重病이 나면 찾지 않을 수 없기에 가까운 관계를 맺지 않을 수 없다.

그러나 病院의 빌딩만 봐도 덜컥 겁부터 나는 건 치료비나 수술비가 엄청나가기 때문이다. 藥局이 잘 되는 것도 일반 서민들이 病院을 무서워하기 때문이지만. 나는 尊敬하는 성씨가 남편으로서 운 이야기를 들었다.

지금부터 수년 전 나는 日本에서 不安에 떨고 있었다. 거리마다 즐거운 크리스마스 캐럴이 울려 퍼지고, 크리스마스 카드의 호화찬란함이 지나는 市民들의 마음을 설레게 하는 때다.

敎會마다 축하의 환성은 이국만리 조그만 다다미 하숙방에까지 들렸다. 그런데 나는 그리운 祖國과 家族을 떠나 홀로 쓸쓸하게 크리스마스와 正月 초하루를 맞아야 하는가. 나는 이 社會에서 가장 不幸하고, 苦難 속에서 허덕이는 불구아들을 위하여 요양원 겸 학교를 세우려다 뜻대로 안되어 덜컥 빚을 지게 되고, 수많은 빚쟁이의 등쌀에 견디고 견디다 最後로 自決이냐, 도망이냐는 막다른 골목에까지 처했을 때, 아내와 상의한 끝에 日本으로 도망쳐 온 것이다.

이러한 나에게 집에서 한 장의 편지가 날아 왔다. 하늘이 무너질 듯한 사연. 막내둥이가 全身火傷을 입고 정형외과에 入院中이란다. 全身을 몽운하고 화상 입은 피부를 全部 도려내고 치료 중인데 어쩌면 그로 인하여 不具가 될지도 모른다고 기구한 사연이다.

나는 아내와 약속하기를 한 달 후면 귀국한다고, 그때까지 어린 아이들을 잘 키우라고 당부하였기에, 몇 달이 지나도 귀국 않는 나의 소식이라도 듣겠다고 아내는 부산항까지 자주 왕래하였단다. 實은 아내도 내가 짊어진 채무 때문에, 수십 명의 채무자들의 악마와 같은 독설과 조롱, 굴욕에 견디다 못해 잠시라도 도망치고 싶어서 자연히 부산에 있는 다정한 친구를 찾아 스스로 위안의 길을 찾은 지도 모른다.

세 빌려 개업했던 조그만 病院. 폐허가 된 그 집에는 어린 5남매만이 애비 없는 나날을 또 부산으로 가끔 내려가는 어머니마저 없는 냉랭한 방에서 연탄도 피우지 못하고, 외풍이 심한 방에서 밤을 새우곤 했다. 하루는 화로에다 불을 피워놓고, 물을 데우려고 주전자를 올려놓았는데 어린 것 하나가 실수하여 주전자를 뒤엎었는데, 막내둥이의 온몸에 뒤덮여 화상을 입은 것이다.

부산에 있는 저의 어머니께 급히 연락하고, 혼비백산한 그는 혹시 죽지나 안했나 하고 정신없이 달려와 부둥켜안고 운명을 탓하며 얼마나 울었는지 모른단다. 그런 중에도 빚쟁이들은 비웃음과 비난을 멈추지 안하니 눈물밖에 나올 게 없다는 것이다. 차라리 남들은 고리대금업자로 욕하는 단 한 분, 金氏만이 매달 양식을 대주곤 하여 간신히 연명을 하였다는 글월을 받고, 나는 한없이 흘러내리는 눈물을 감출수가 없었다.

金氏에게 向한 감사의 눈물, 그리고 내 대신 수모를 당하는 아내에게 向한 눈물. 그리고 남의 자식들이 病身이 되는 걸 막아보려다 내 자식의 病身 되는 걸 먼저 막아 달라는 아내의 몸부림.

"아빠가 오실땐, 비행기 사갖고 오시지 응?"

병상에서도 아빠에게 기대를 걸고 지껄인다는 세 살 난 막내둥이. 나는 단숨에 달려가고 싶었다. 정성껏 내 손으로 치료해 주고 싶은 마음은 간절하였다. 그러나 나는 즉시 귀국할 아무런 준비가 없었다. 정식 여권도 없었고 비공식으로 몰래 나를 데리고 가줄 사람도 日本天地엔 아무도 없었다.

"비행기는 꼭 사갖고 가겠다."

이런 약속의 편지밖에 나는 할 수가 없었다.

이야길 들으며 나는 지그시 눈을 감아야 했다.

〈3〉

우연과 기적이란 가끔 나타나는 것일까? 내가 영업용 택시를 몰다가 믿었던 브레이크가 파열되는 바람에, 나이 어린 少女를 重傷 입히고 경찰서를 거쳐 교도소에 수감, 미결 감방에서 2個月. 집행유예 판결을 받고 풀려 나온 후, 失職한 나는 市立圖書館만이 유일한 보금자리였다.

月刊이며 日刊에 지친 마음을 달래고 있을 때 선뜻 눈에 띈 현상모집 공고. 나는 일개월 동안 少年小說 「산을 달리는 아이」에 정신을 쏟았다. 원고지와 싸우다가 일주일 남겨 놓고 복권 뽑는 확률을 생각하고 童劇 「꽃자리 마을」을 完成, 마감날에야 투고하였다.

서너 달 후, 취직처를 얻기 위해 친척이며 친지를 찾아다니다가, 신문광고를 보고 뛰어다니고. 汽車를 타고 버스를 타고 걸으며 쏘다니다가 지쳐서 다시 도서관 안식처에 들려 신문을 뒤적이는데 조그만 이름이 났다.

「당선. 30만원」

나는 복권은 쉽사리 뽑혀지지 않음을 너무 잘 알기에 잊고 있었는데 뜻밖이었다.

「비록 무력한 남편이지만 복권이라도 뽑을 줄 아니 다행이 아니냐?」

나는 그 쪽지를 오려서 아내에게 갔다.

아내는 내가 사고를 낸 후 쭉 음식점 식모 겸 요리사 노릇을 하고 있었다.

「이제는 살았구려.」

속삭이듯 조그만 목소리를 듣고 헤어지면서 나오려는 눈물을 꾹 참았다.

무병장수의 길

유난히도 길고 지루했던 무더운 한여름에 절친한 세 친구가 세상을 떠났다. 수년 동안 뇌졸중으로 입원했던 친구, 우울증 등으로 힘겹게 살았던 친구, 그리고 맹장염인데 동네 병원에서 진통제 등 약을 먹고 견디다가 수술 시기를 놓치고 복막염으로 수술도 제대로 못하고 간 친구는 참으로 안타까웠다.

한 친구는 산행도 자주 하고, 봉사도 많이 하고 한글 모르는 노인들을 모아 문해교육도 열성껏 하고 시, 수필 등 문학활동도 열심히 하고, 출판기념회도 열어주는 착한 제자들도 많았는데, 모두 두고 훌쩍 떠났다.

인명은 재천이라지만 지금은 100세 시대라, 9988 등 말도 많고 노래도 100세는 더 살아야 한다고 하는데, 건강관리를 잘 해야지 잘못하면 낭패다. 100세 넘는 한국인은 4천여 명, 일본은 7만여 명, 10년 후에는 100만 명 이상이 100세를 넘기는 세상이 된다고 한다. 대전 최고령은 107세, 100세 이상 47명이라고 발표했다.

'나이 먹는 건 축복이다. 걸으면 살고 누우면 죽는다.'

'120세까지 사는 비밀이 있다. 아는 것은 실천해야지.'

'기대 수명은 142세다. 150세까지 살 수 있다는 의사도 있다.'

특별한 사고나 큰 병이 없으면 좋은 약이 계속 나오고 뇌기능과 운동 능력이 향상되어 수명이 연장된다고 한다. “항노화 기술의 발달이 예상보다 빠르기에 150세 시대가 올 것”이라고 항노화학회에 초청온 에드워드 박 원장이 발표하였다.

“한국인은 식단도 채식 위주이고 운동도 많이 하는 편이라 이미 항노화의 기반을 갖추었다”고 한다. 무병장수야말로 최고의 재테크이며 성공의 길이기에 나는 하루 24시간 중 많은 시간을 건강에 투자한다. 달리기도 하고 체육시설장에도 가고, 생활체조도 새벽마다 하고 버스 타고 가면서, 목욕탕 안에서도 꼼지락거리고 만지고, 흔들며 자극을 주고 움직인다. 운동은 몸과 함께 마음도 해야 한다. 마음은 언제나 즐겁고 신나고 편안하고 여유가 있어야 하고 활기차게 살아야 마음이 튼튼해진다.

나이는 먹어도 육체가 늙지 않으려면 음악과 체육의 생활화가 필수이다. 건강식품, 건강에 필요한 것들은 TV나 방송에서 매일 길을 알려 준다. 참 좋은 세상, 먹고 살만 하면 한국은 천국이다. 오래 오래 무병장수하며 함께 행복하게 살고 싶다.

국어교육과 함께

1. 초창기

연구회를 조직하자는 동지들이 서신을 통하여 연락이 잦은 때는 1960년대 초였다. 시·군 단위로는 힘이 약하기 때문에 도 단위로 뭉쳐서 공부하고 일해 보자는 의견이 지배적이었다.

도교육회와 교육청을 수차례 찾아다녀 건의해 보았으나 한 곳에 모일 기회를 주지 않았다. 국어과 도지정 연구학교인 천안 남산교의 연구 공개 때로 미뤘다가 도 지정 산수과 연구교인 당진 기지교로 바뀌는 바람에 그 기회도 잃었으므로 사실상 활동을 하는 것도 지상 또는 서면일 수밖에 없었다. 그래서 우선 대전시 국어교육 연구회를 조직하여 회보를 내고 연구협의를 자주 하였는데 홍순태, 조중귀, 홍재현, 도재희, 변상호 등 10여 명이었다. 그러나 교육회의 인정도 보조도 받을 수 없었다.

1963년 6월 29일, 최태호, 박목월 님을 모시고 도내 어린이 백일장이 대전 삼성교 강당에서 열게 되었다. 도내 각 시군에서 인솔 교사가 거의 참가하게 되었으므로 글짓기 지도에 대한 강연회가 끝나고 정식 조직이 되었다. 회장에 맹하영, 부회장에 정재수, 송근영이 선출

되었고, 도교육연구소에서는 일주일간의 국어과 강습회를 열어 주었다. 도내 어린이 백일장에서 입선한 작품을 중심으로 '아기 눈'이란 아담한 문집도 펴내어 전 도내 학교에 보급하였는데 이때 애쓴 분이 심재규 장학사였다.

회원의 연구 사례를 모아 회보도 내었고, 계룡산 갑사에 가서 일주일간 합숙하고 협의하여 국어과 학습지도서도 최초로 발간하여 장학자료로 일선에서 활용하기도 하였다.

이때에 이미 전국 각처에서는 대부분 프린트로 학교신문·학급신문을 교환하는 운동이 벌어져 모임을 갖자는 의견이 토막 편지로 오고 가다가 첫모임을 가진 때가 1964년 8월이었다. 전국 신문지도 교사·문예 교사가 서울에서 첫 세미나를 열고 한국신문지도교사협회가 조직되어 회보발간과 신문교환 운동이 활발히 전개되었는데 이진호, 김종상, 엄기원, 이영호 등이 애썼다. 당시 중학교 입시가 객관식으로 이뤄지던 때이므로 '중학교 입시에 글짓기를 출제할 것'과 '학교 신문을 지원해 달라'는 건의문을 문교부에 제출한 것이 최초의 국어교육 운동이라 할 수 있을 것이다. 20년 후엔 글짓기 교과서가 나왔으니까.

2. 중흥시대

이때부터 전국 각 지방에서도 국어교사들을 중심으로 아동문학 동인들의 활동이 활발하게 이뤄지기 시작하여 「교단」, 「석류」 등이 나오기 시작했다. 충남아동문학회를 처음으로 발기하여 회칙을 정하고 탄생시킨 것도 도내 글짓기 교사들의 모임에서 이루어졌다.

1973년 7월 17일 발족하여 문학의 밤, 시화전, 강연회를 열고 세미

나와 회지 '푸른 메아리'를 19집까지 발간하여 아동문학의 활성화에 지대한 공적을 남긴 회장단은 한상수, 구진서, 이서인, 김영수, 정만영, 김영훈, 전영관, 박순길, 이홍종으로 대를 잇고 있다.

아동문학 활동은 꾸준한데 비하여 충남국어교육연구회는 구심점이 없어 중단하는 경향이 있다. 선진조국창조를 위해 교실개혁을 부르짖고 국어교육의 정상화와 지도방법을 개선해 보자는 기치를 높이 들고 새 출발을 한 것은 자생 자립의 의지로 보여 열띤 토론을 하였었다.

국어교육 회보 발간, 글짓기 지도, 공개수업 등을 통하여 국어교육 발전에 심혈을 기울인 분은 박철우, 송근영, 이무, 김복래, 김재풍, 최태석, 김윤희 등이다. 회원들의 인사이동에 따른 근무지의 변동과 모임의 어려움으로 몇 년 못 가서 중단할 수밖에 없었다.

3. 국어교육의 내일

대를 이은 모임이 '한말글 사랑 한밭 모임'이다. 우리말 우리글을 바르게 쓰는 공부를 하면서 이웃에 널리 보급을 꾀하는 이 모임은 한글 전용으로 우리글을 기리고, 국어정화로 우리말을 깨끗이 하고, 민족정기로 우리 얼을 살피자는 민족문화 운동으로 나타나 민족과 역사의 앞날을 걱정하는 동지들이 두 달에 한 번씩 모임을 갖고 신문, 방송, 단체장 등 여러 곳에 건의도 하고 아동·청소년 문화진흥과 사회개혁을 위한 토론회를 갖기도 했다. 1991년 모임을 일으켜 한글 이름 지어주기, 상점 이름 지어주기, 한글로 축문·지방·비문 지어주기, 글·시조 짓기 지도, 꽃씨·꽃묘 나누어주기 등을 하고 있는데 동참하는 분은 유동삼, 홍재헌, 송근영, 안태승, 조일남, 김용복 등 모두 초·중·고·대학 국어 교사와 가계 각층의 인사들인데 꺼지지 않는 불꽃이요, 어두운 이 사회를 밝혀 주고 뱃길을 안내하는 등대역할을 하였으니 과히 자랑스런 일이라 자부하고 싶다. 특히 유동삼 회장은 시각 장애인을 비롯하여 중증장애인, 정신지체 장애인 수용 요양 보호시설인 사회복지법인 한마음, 한몸, 한뜻 마을을 세워 불우한 장애인들의 재활사업에 헌신하고 있는데 장태산 휴양림 뒷산에 위치하고 있다. 오웅진 신부의 음성 꽃동네와 함께 가서 보면 새 삶을 찾을 수도 있는데 042-585-0782로 연락하면 된다.

대전시 국어교육연구회는 서부와 동부교육청으로 나누었는데 동부에서는 최진동, 김영훈 회장 등이 중심이 되어 '88년도에 '국어교육' 창간호를 내고 '95년에 8호까지 냈으며 해마다 시범수업과 연구발표, 강연회 등을 열어 현직 연수 활동을 통해 국어사랑·나라사랑을 실천하고 있다.

대전광역시 초등국어교육연구회가 발간하는 '국어교육'도 이제 9호가 나올 예정인데 9년의 경륜이 쌓인 만큼 10년이면 강산도 변화하듯 회원들의 더 뜨거운 열성적인 협조와 왕성하고 적극적인 활동을 기다리고 있다.

부단한 연수와 가기 연찬으로 국어수업의 질을 향상시키고 학습방법을 개선하는 등 현장 연구와 문학적 열정으로 교실개혁도 필요하고, 유치원 이전에 출생아부터 ABCD를 천정과 벽에 커다랗게 써놓고 눈에 익히도록 교육 열성으로 일류대학의 목표를 달성하겠다는 세계 제1의 교육열로 과열 과외로 주눅 들고 시달리는 어린이들을 생각할 때가 아닌가 한다. 교육개혁의 주체가 될 교사들은 교육 본연의 자세를 찾아야 하고 특히 열린 교육, 열린 사회교육 운동에 말·글·행동으로 합심하여 새 터전을 마련할 때가 된 것이다. 국어 교육이 열린 교육의 창의성, 사고력, 표현력의 기초가 되며 인간 교육의 원동력이 됨을 깊이 인식하고 21세기의 주인공, 무한 경쟁시대의 능력 있고 더불어 사는 주인공으로 육성하는데 새 장을 열어야 할 것이다.

다행히 '대전열린교육'이 정해창, 이상문, 오덕균 등이 중심이 되어 1996년 3월 8일에 창립총회를 열었고, 대전동부·서부 열린교육협의회도 창립하여 외부강사를 초빙하여 열린 수업 공개 및 토론회를 자주 갖고 한 달에 한 번씩 운영위원회를 열고 시범수업과 토론회를 갖고 열린 수업 공개 및 토론회 책자와 뉴스레터를 내는 등 가장 활발한 연구 활동을 하기에 기대가 크다.

교육개혁은 학교개혁과 함께 사회개혁이 이뤄지지 않으면 안 되기에 사회의 개혁을 위한 운동도 말글을 사랑하는 국어교사들과 열린 교사들이 앞장설 때도 되지 않았을까?

소중한 삶을 위하여

팔년 전에 나는 사경을 헤매고 있었다.

"여보, 죽더라도 자식 대학이나 졸업하고, 결혼이라도 시키고 죽어야 할 게 아녀요?"

내가 병상에서 죽음 바로 앞에까지 왔을 때, 누구보다도 나의 병세를 정확히 아는 아내는 딸을 제일 걱정하며 조금만 더 살아 달라도 하소연을 여러 번 하였다.

"그게 어디 내 마음대로 돼요?"

나는 씁쓸히 웃으며 아무 말도 못하고 죽을 준비를 하나씩 해나갔다. 그 중에 하나는 5년짜리 재형저축을 해약하고 10여 년간의 연금을 소급해 넣는 일도 있었다.

'후유, 이제 죽더라도 연금은 조금 더 타게 되겠지…'

이게 내가 떠난다면 가족을 위하여 할 수 있는 마지막 선물이었다.

내가 배 아픈 병이 든 것은 십여 넌 전인데 나는 대수롭지 않게 생각하였고, 친구인 약사도 위염이나 위궤양일 테니 약이나 계속 먹으라고 약을 지어 주었고, 얼마쯤 지나가면 괜찮아서 그럭저럭 지내기를 몇 년 계속하다가 타향살이, 섬 생활 6년을 마치고 고향에 돌아온 지 일주일 만에 위출혈로 응급실로 달려갔다. 한 달간 입원을 했다가 퇴원, 일 년 후에 재발하여 또 입원, 또 재발하여 입퇴원을 세 번 하고 나니 손발이 떨리는 파킨스증후군이란 진단도 받았고 여러 가지 합병증도 얻었다.

'이것 암만 해도 암이 아닐까?'

나는 자꾸 아파오는 배를 어루만지며 공포감과 불안감에 휩싸여 끙끙 앓기만 했다. 암이란 사형선고를 받을까 봐 암 검사할 엄두도 내지 못하였다.

교단을 떠난 지 십년 만에 다시 복직한 교단도 다시 그만두려고 했더니 친구와 선배가 말려서 겨우 겨우 학교에 나가고, 우유부단하게 죽을 날만 기다리고 있었다.

'좀 더 잘 할걸….'

모든 게 죄스럽고 후회뿐이었다.

"하루 종일 말 한 마디 하지 않고 신문이나 보니 답답해서 애들만 아니면 도망치고 싶을 때도 많았지."

아내가 친구들 계모임에서 하는 말을 듣고 그저 미안함뿐이었다.

절망의 늪에서 빠져 나온 것은 새로운 기분이 하나씩 싹트면서부터이다. 아내의 노력으로 새 집으로 이사를 했고 5년 만기로 새 학교로 전근을 했고, 아동문학 연구소에서 글짓기 교실을 내주었고, 옥미조 순리원 원장을 만나 순리치유 연수교육을 받으니 차츰차츰 호전하여 잃었던 건강을 되찾기 시작하였다.

아내도 순리연수교육을 받고 나에게 지압을 해주는 등 그대로 실천하니 8가지 병으로 일주일마다 나와 같이 병원을 몇 년 동안 다니던 고되고 처량한 신세를 면하게 되었다.

새로운 삶을 찾아준 옥원장은 누구인가? 독학으로 순리사상, 철학, 의학을 배워서 10여 년 걸려야 의학을 배우고 남의 병을 고쳐주는 의사가 되는데, 그 어려운 의학을 10시간에 축소시켜 알려주는 현직 교장이며 아동문학가이다.

"병이 안 낫는 것은 원인을 모르기 때문이며, 병은 모아서 잡아야 하는데 어떤 병이든지 안 낫는 병은 없어요. 병원에서 고칠 수 없는 사람만 오세요."

세상에 이런 사람이 있을 수 있을까? 신문기자들이 달려가고 '여성동아' 기자도 두 분이 가서 현장 취재를 하고 93년 4월호에 실었다.

전국에서 암환자, 중증환자, 삶의 마지막에 있는 분들이 경남 거제도 장승포시 능포초등학교를 몰려갔다. 운동장엔 전국에서 온 자들의 주차장이 됐고 교장실, 화장실엔 환자들로 붐빌 수밖에….

"교장을 그만두든지, 환자치료를 그만 두든지 둘 중에 하나를 택하시오."

학부모들이 교육청에 몰려가서 강력하게 항의할 수밖에 없었다. 더구나 교내 사택에서 살았기에 피할 수도 없었다. 결국 옥교장은 치료를 중단하고 교문 게시판에 전국에 흩어져 있는 연수생들의 전화와 주소 성명을 써 붙였다.

거기에 내 이름도 써놓았기에 나는 대전과 충남북의 어려운 환자, 위암, 간암, 폐암, 중풍, 정신 장애인 등 여러 환자와 보호자들을 맞이하게 되었다. 나는 책을 펼쳐 놓고 운동요법, 식이요법, 천연요법, 정신요법과 지압하는 법을 가르쳐 주었다.

나를 찾아온 분은 2백여 명 되는데 요행히 나은 분도 있지만 소식이 없는 분이 훨씬 많다. 그 후, 옥원장은 인근에 폐교된 명동초등학교를 구입하여 순리원 본부를 세우고 환자들 치료를 계속하고 있다. 무료 봉사할 뿐만 아니라

여름방학과 겨울방학 때마다 세미나를 열고 새로운 의학, 순리 치

유법을 가르쳐 주기에 해마다 참가하는데 갈 때마다 새로운 사실을 보게 되고 놀라곤 한다. 문 닫아 놓고 온 의사를 치료해 주고, 전 문교부 장관의 모친을 6개월 만에 완치시켜 은인으로 알고 받드는 모습도 볼 수 있고, 바위에서 떨어져서 업혀 온 박씨란 청년을 한 번 지압으로 걸어가게 만들어 다음날에 떡을 해 오는 등 별의별 신기한 현장을 목격하게 되니 반할 수밖에 없다.

나는 아주 단순하고 쉬운 순리치유법을 되도록 여러 친지들에게 알려 주려고 하나 관심을 갖고 적극적으로 배우려는 분이 없는 것이 안타깝다. 이유 없는 사고가 없듯이 병이 나는 것은 무엇인가 잘못하고 있기 때문이다. 건강 관행, 버릇, 습관을 고쳐야 하고 의학에 대해 더 배우고 배운 것을 실천한다면 병약한 국민, 늘어나는 의료비는 훨씬 줄일 수 있을 것이다.

나는 내 삶이 소중하듯이 남의 삶도 소중함을 알기에 도움 되는 일이라면 언제든지 누구든지 순리치유법을 가르쳐 주고, 건강하고 밝은 모습으로 사는 것을 보고 싶다. 일생일사(一生一死)는 철칙이기에 건강한 삶은 더욱 소중한 것이 아닐까?

우리는 영원한 스승

오늘 만남의 축제에 오신 선후배 동문님들 그리고 스승님, 반갑습니다. 우리 대사인들은 스승으로 평생 후진들을 양성하고 우리나라가 세계 10대 경제대국을 세우는데 기여하였고, 우리의 제자들이 지금 이 나라의 주역이 되었습니다. 이번 총동문회에서는 우리가 대사를 나온 것을 고맙고 자랑스럽게 생각하며, 세종의 민애정신을 본받아 문화예술을 통하여 삶을 아름답고 풍요롭게 한 동문들 중에서 우수한 분들의 뜻을 기리기 위하여 한국 교육 문화상을 드립니다.

우리는 비록 노년이 되고 백발이 되었으나 동방의 태양이며 영원한 스승으로 건강하고 행복하게 살아야 합니다.

지난 5월 서울에서 재경총동창회가 있어, 초대되어 갔었는데, 93세의 안장강 선배님을 비롯하여 115명이 참석하여 웃음과 노래와 대화로 즐거운 시간을 보내는 것을 보고 우리 총동문회도 여기 대림호텔로 정하고 재미있고 즐거운 시간을 갖기로 하였습니다.

우리는 언제나 우애 있는 선후배, 형제, 자매로서 오래오래 만나길 원합니다. 건강을 위해 음악과 체육의 생활화로 더 건강하고 행복하시기 바랍니다. 감사합니다.

나날이 행복을 주는 문우(文友)들

유년시절부터 지금 팔순이 지날 때까지 수많은 지인들, 수천 명 수만 명 중에 나에게 영향을 준 친구들을 그려본다. 가장 오랫동안 가깝게 지내며 매일 전화하는 유일한 친구는 극작가, 칼럼니스트인 김용복 교수다. 매일 서너 편의 글을 써서 중도일보, 세종TV 등 여러 곳에 보내는 초인적인 수필가이다.

그는 이완구 전 총리가 재판을 받을 때 어물어물하는 증인의 자신 없는 말을 칼럼에 지적하여, 판사가 인용 무죄판결을 받게 한 공으로 전국구 명칼럼니스트가 되었다.

그는 작가, 시인, 가수, 학생 등 지인들로부터 가장 신뢰받고 도움주는 인정 많은 인사로 통한다. 그를 좋아하는 친구들이 아주 많으나 나를 제일 자주 만난다.

나는 멘토로 삼아 크고 작은 일을 상의한다. 그가 다니는 교회에 나가 한두 시간 같이 있기도 한다. 그가 더욱 존경스런 것은 치매에 걸려, 큰 소리도 가끔 하고 짜증도 내는 아내를 지극 정성으로 모시고 다니는 것, 안타깝기 그지없다.

가장 성공한 문인은 리헌석 문학사랑협의회 이사장, 오늘의 문학사 대표, 충청예술문화 발행인이다. 계간 문학사랑을 126호 발행인 겸 편

집인, 대전문예대학 수필 창작 과정 담당교수이며, 설립자. 문화예술의 발전을 위하여 한국에서 가장 공헌한 작가이다. 신인도 많이 배출하였고, 통권 81호의 충청예술문화를 자비로 월간으로 발행, 우송료만 받고 1천여 부를 발행하고 있다.

그의 문학, 예술에 대한 지극한 사랑은 한국에서 제일이라 생각한다. 문학사랑 축제도 128회 멋지게 풍요롭게 한다. 여러분의 책을 가장 많이 발행하였고, 농장도 경영하는 유능한 인재이다. 충청예술문화 편집위원장, 대전문예대학장, 시창작 교수 김영수, 시조 시인 아동문학가와 김남식, 엄기창, 김춘경 시낭송가 등 여러분이 인재들의 도움을 많이 받고 있다.

한밭대 인문대학장을 역임, 정년퇴임 후에도 평생교육원 교수로 문예창작 과정을 지도하는 김선호 시인, 수필가는 파킨슨 병마와 싸우면서 열정적인 활동을 하고 있어 우리의 귀감이 되고 있다.

국보급 시낭송가 산시인 신익현의 열정적인 낭송은 들을수록 감동을 주는 명배우이고, 명창 양동길 시인의 창을 들으면 음악의 다양성과 위대함을 느낀다. 연극으로 만나니 더 반갑다. 빈명숙 대전펜문학회장의 봉사정신을 본받아야 하고, 시민대학에서 열강하는 장상현 장군의 명강의, 충남지사가 되라고 지었다는 김충남 인문연구소장의 자신감 넘치는 명강의와 금강일보에 연제되는 칼럼도 똑소리 나는 지식의 산물이다. 이상덕, 안태승 수필가 등 대전문우와 한말글사랑 회원들 사재동, 이석구, 임기원 등 중도문학회원들. 연극으로 만난 이완순, 김기출, 윤인백, 지봉학 도사 거의 다 문우들이다. 그래도 독서와 책을 좋아하고 글쓰기를 즐긴 것이 다행이다. 많은 문우들은 만나서다.

또 새로운 단체, 새 친구를 만나는 기쁨도 크다. 새로운 단체에 입단하여 만난 친구는 한국 효행 청소년단 서성해 총재와 임원들, 홍사단, 백상열 대표와 단원들, 더한힘 리더십 교육원에서 만난 김종욱 원장과 강사들, 수강생들은 부족한 나에게 잠재력과 자신감을 키워주고 82세의 새사람을 만들어 주어 진정 고맙게 생각한다.

몇 달 전에 만난 다산학당 제1기 수강생들, 김창수 도시공감연구소장과 이창기 학장, 송동섭 목민회 회장 등 66명이 몇 달 되지 않았지만 다산이 진정한 위인이었기에 전남 강진 유배지 여기저기를 현장학습하고, 같이 오가며 자기소개도 하고 가끔 회식하기에 정이 들었고 쉽게 친하게 되었다. 지난 토요일 다산의 생가를 방문, 현장을 보고 듣게 되고 오가며 얘기하면서 더 친해졌다.

금빛봉사단 창단한 2002년부터 친하게 지낸 이창기교수와 다시 만나게 되어 기쁘고, 김기북 엠지 새마을 금고 이사장은 수년 동안 대전 청협 회장직을 완벽하게 수행하는 걸 보고 존경하였는데 이번에 내가 바라고 원하던 세종대왕 즉위 600주년 기념 경축행사에 적극 참여 조직위원장을 맡으니 여간 힘이 나는 게 아니다. 친구들 덕에 나도 나날이 행복해지고 나날이 청춘으로 젊어지니 살 맛이 난다.

노인대학, 경로대학

신안동 동중학교 옆에 한국노인사랑운동이 있고, 본부장 양태창 노인신문사장은 사비로 2층 건물을 임대 받아 소외 계층 불우 노인들에게 무료 급식을 하며 미용과 이발봉사를 하고 있었다.

아침부터 와서 점심때를 기다리기에 노인 풍물단을 만들자고 제안하였다. 이상하 변창수 단원과 함께 풍물을 가르치며 노래하며 즐겁게 가르쳤다.

7회 노인 잔치는 시민회관 대강당에서 열렸다.

"저는 점심을 거른 채 기차를 타고 달려왔어요. 좋은 세상을 만들려고 애쓰시는 본부장님께 감사드리고 초등학교 때 배운 은사님을 만나 더욱 기쁩니다."

대전 서구 갑 박병석 국회의원은 부지런하기로 유명한 제자라, 행사장에 가면 자주 만났다.

염홍철 시장은 큰 절을 올린 후, "노인을 경애하고 봉양하며 노후를 편안히 즐길 수 있도록 정성을 다하겠다."고 인사를 하였다.

"즐겁게 웃으며 사는 것이 건강의 비결입니다."

아줌마 춤, 개그맨의 웃기기, 레크레이션, 사물놀이 시조창 등 다 같이 웃음 꽃 피우며 놀았다. 해마다 우송대학 강당 등 장소를 옮겨가며 노인축제를 계속하는 본부장에게 감사드린다.

우리 팀은 갈마동 복받는 교회에 가서 청하문예대학을 세워 이원형 교수로부터 시 창작, 소설, 수필 창작을 배웠고, 매주 목요일은 노인대학을 세워 즐겁게 배우며, 노래하고, 강의 듣기를 계속하길 7년 세월이 흘렀다.

웃음치료, 태극권, 춤과 노래와 축제는 노인들을 즐겁게 해주었다. 윤항기 목사 가수를 초대하기도 하고 청남대 대통령 별장을 관광하게 해주기도 하였다. 같이 봉사하던 이진자 권사는 행방 불명, 어디 계신지 모르나 찾을 길이 없어 안타깝다.

3부

나의 첫사랑

한국공무원문학회 임원 및 이사들

나의 첫사랑

1956년 4월 대전사범학교를 졸업하고, 천안남산초등학교로 첫 발령을 받았다. 그해 9월 8일 부여에서 전임 온 영심 교사를 처음 만난다. 영의 맑은 눈은 수정 같고 호수같이 예쁘고 미소가 참 매력적이라 사랑을 느낀다. 그러나 그녀는 연상이기에 애인은 어려워 누이라고 부른다.

영은 내무과장의 딸이었는데 여유가 있는 집안으로 총각교사들이 초대 받고, 고려대 재학생인 그의 오빠와 얘기도 하고 논쟁도 하고 노래도 하며 하루를 즐긴다.

그 후 나는 사랑은 고백하지 않고 깍듯이 누나라고 부르며 따른다. 운동회에 필요한 비둘기 몇 마리를 잡으려고 한밤중에 이웃 학교에 가기도 하고, 서울 여행 갈 때는 기차 타고 옆자리에 앉아 손을 잡고 가다가 교감에게 핀잔을 듣기도 한다.

나는 수시로 편지를 써서 경영록에 끼워 아이 편에 전하고 오라고 심부름을 보낸다. 나는 누이와 저승까지 동행하는 꿈을 꾸고, 어리광을 부리면서 놀고 싶다고 편지를 보낸다. 이 넓은 세상에 내가 그리워하는 이성은 누나 한 사람뿐, 남매로서 영원히 정답게 살 수 있을까?

'사랑해선 안 될 사람, 사랑하는 죄이라서 소리 없이 이 가슴 이 밤

도 울어야 하나'

유행하던 노래를 부르며 애태우며 나날을 보낸다.

우리 남매를 시기 질투하는 두 선배가 있는데, 그들은 나에게 충고도 하며, 동직원끼리 너무 가깝게 지내면 하나는 멀리 전근 가게 될지도 모른다고 으름장도 놓고, 교감이 알고 있다고 경고도 하지만, 나도 굴복할 수 없다고 버틴다. 드디어 교감이 부르더니

"사이가 너무 좋아 보여, 교환수업은 허가를 받아야 해."

"교사는 아동의 거울이니 조심해야 해."

"학부모들 간에 말이 많아 조심해야겠어."

"더 심각하면 내년엔 딴 학교로 가야 해."

나는 누나를 너무 좋아하니까 그런 말도 잘 들리지 않았으나, 예예, 알겠습니다만 되풀이한다.

누님, 밤하늘의 성화처럼 빛나는 우리의 영혼은 언제나 빛나지요. 누님을 사모하는 마음, 즐거운 희망, 높은 이상을 그리운 나도 누구보다 행복합니다.

나는 이런 고백을 편지로 수없이 보내는데 결혼은 꿈도 못 꾸었다. 연상의 여인과 결혼은 못하는 줄 믿었다. 그러니 결혼 얘긴 한 번도 안했다. 누이가 총각교사와 사이좋게 얘기하는 걸 보니 약간 질투가 나기도 하지만, 누이가 처음보다 좀 우울해 보이고 수척해진 것 같아, 고민이 있는 것 같기도 하며 안타깝기만 하다.

나에겐 선배나 교감이 자꾸 경고하기에 눈치가 보이고 자유롭게 만나기도 어렵다. 그래도 누이는 나에게 크리스마스 카드를 보냈다. 나는 만년필과 카드를 사서 보냈다.

'마음 속에 한 번 박힌 그대 고운 눈동자는 가슴 깊이 사귀어져 이다지도 안타까워 밤마다 별처럼 찾아보는 그대 영혼아.'

김동진 작곡 이 노래가 유행이라 내 마음을 대신하는 듯하였다.

나는 소심하고 내성적이라 진실로 사랑하고 존경하며 믿었으나 아내로 맞이하고 싶고, 연애라도 하고 싶은 욕망도 있었으나 말은 못 하였다. 정다운 누나가 그리워 사진을 자꾸만 쳐다보고 사랑의 노래를 반복해서 부르며, 영화를 보면 사랑하는 여주인공이 되어 같이 동행하는 부부가 되었으나, 이건 생각뿐이었다.

나는 항상 내일 내년으로 미루길 잘 하고 우울, 고독, 불안이 늘 마음에 쌓여 명랑 쾌활한 성격으로 바꾸길 원하지만 생각뿐이다. 자신감이 없고 당당하지 못한 태도와 성격을 어떻게 고칠 것인가? 답답할 뿐이다.

애태우며 그리워하며 편지를 보내며 1년이 지났다. 나는 대전삼성초등교로 9월 14일 발령 통지서를 받았다. 사랑하는 누이와 헤어지게 되어 씁쓸했다. 초임지였던 천안을 등지고 대전행 열차에 몸을 싣기 전에 영과 추억의 언덕에 앉았다.

'너와 결혼하는 여성은 행복할 거야.'

'누나와 결혼하는 남자도 행복할 거야.'

사랑을 은연중 고백하는 것일까? 전직원과 아동들이 교문까지 나와 환송해 주고 우리 반 애들은 역전까지 왔다.

나는 간다. 정든 친구같이 하숙했던 창복이와도 헤어지고, 정들었던 사람들과 헤어져 대전으로 왔다. 나는 날이 갈수록 이상은 멀고 괴로움만 쌓였다.

누나도 홀로 언제까지 원망하며 살려는지 삶에 회의를 느낀다. 후회한들 소용없구나. 꿈이었나, 허망한…….

천상(天上)에 띄우는 편지

이진자 권사, 이진자 금빛평생교육봉사단원, 늘푸른예술단원은 16년간 교회에서 봉사단에서 예술단에서 자주 만났지요. 당신은 아이들과 노인들의 친구였어요. 아이들과 함께 인형극을 보여주며, 마음을 보여주며 깔깔깔 웃기도 잘 하였지요. 당신은 일찍 남편을 여의고 5남매를 힘들게 키웠지요. 이것저것 장사를 하며 그래도 성모학교 사립학교도 보내고 잘 가르쳐 아들은 미국으로 이민 갔고, 딸들은 결혼도 했다지요. 그러던 당신이 지금은 어디 있는지 알 수가 없네요. 찾고 찾고 여기저기 헤매며 찾았으나 목소리만 들었을 뿐 어디 있는지 알려주지 않으니 답답합니다.

제발 알려 주세요. 아니 당신의 보호자격인 딸들이 허락하지 않으니 면회나 찾아갈 수가 없네요. 우리는 16년 전 금빛봉사단에서 만나 풍물단원이 되고, 대덕노인종합복지관에서 늘푸른예술단을 창단하여 풍물, 합창, 에어로빅, 생활체조, 스포츠체조, 스포츠댄스를 이영림 지휘자한테 배우고 연습하여 대전노인체육대회에서 전 종목 우수상을 받았고, 전주에서 열린 전국대회에서 에어로빅팀이 대상을 받았지요. 광명시에서 금상 받고 대덕노인잔치를 열었지요. 공주, 옥천, 일본 고베시까지 가서 문화교류까지 한 당신은 어릴 때부터 신앙생활하며 성가대, 집사, 권사가 된 당신이 어느 날부터 안 보이고 소식이 없더니, 이혼한 딸과 재산문제로 다투다가 얻어맞고 고소했으나 기각, 강제로 요양병원에 입원당하고 그후 행방이 알 수 없어 경찰서 서너 곳 경찰청, 신문사, 방송사, 국민권익위원회 등 갈 만한 곳을 다 갔으나 '면회했더니 잘 있습니다.' 경찰관의 단 한 마디. 그러나 어디 있는지는 알려 줄 수 없다고 하였지요. '찾고 찾다가 잘 있으니 걱정 말라'는 단 한 마디 듣고 안심했으나 어디인지 말할 수 없다기에 나도 전전긍긍하며 세월을 보내다가 하늘에 편지를 보냅니다. 진자 씨, 당신은 어디 계신지요?

1958년부터 10년간 대전삼성초등학교에 근무하면서 전국의 문예지도교사와 신문교환 운동과 아동문학회를 창립하여 서로 교류하였다. 엄기원, 김종상, 이진호, 이영호, 신현득, 정용원, 박종현 등 모두 한국의 원로 작가들이다.

대전 새교육 공동체의 창립

1999년 시민대토론회 2회 개최

Ⅰ. 여는 말

우리 민족이 해방된 지도 어느덧 54년이 되고 21세기 새로운 천년을 맞이하건만 우리는 또다시 역사의 비탈길에 서 있음을 느낍니다. 온 민족의 가는 걸음이 허둥지둥 갈피를 잡지 못하고 가는 길의 방향을 잃어버렸습니다.

한민족의 바탕이며 민족의 생명을 기르는 자양분인 문화와 교육을 소홀히 한 탓입니다. 정권이 바뀔 때마다 장관이 바뀔 때마다 수없이 바뀌어 온 제도와 정책은 국민들에게 문화시민의 긍지를 갖지 못하게 했고 더불어 사는 문화인의 자세마저 흐트러지게 하였습니다.

우리는 미래에 대비하지 않으면, 21세기에 대비하지 않으면 파멸적 결과에 직면하게 될지도 모릅니다. 그래서 우리들은 건전한 시민단체를 창립하여 국가의 정책이나 자치단테, 교육계의 개혁에 앞장서야 하고 좋은 나라 문화선진국이 되도록 공동체의식으로 나 자신부터 변화해야 아이들을 살리고 학교와 사회를 살리고 조국을 살릴 수 있기에 교육공동체협의회를 창립하였고 제2회 시민토론회를 열게 된 것입니다.

II. 문화시민운동 무엇을 어떻게 할 것인가?

① 우리 국민은 문화국민이라고 할 수 있습니까?

'맞아 죽을 각오를 하고 쓴 한국, 한국인 비판'은 26년간 한국에서 살아온 일본인이 쓴 책인데 염치도 없고 부끄러움도 모르는 한국병에 걸린 후진국민임을 실랄하게 솔직하게 비판하였습니다.

또 15년간 한국의 서울과 북한의 평양 특파원을 지낸 외국기자가 '한국인을 말한다'는 책을 지었는데 한국인을 제대로 상대하려면 고성능 거짓말 탐지기가 필요하다고 독설을 하였는데 대부분의 언론이나 국민은 항변을 못하고 시인하고 있습니다. 한국인은 외국인의 평가에 깊이 반성하고 새로운 출발을 시작해야 합니다. 그러기 위해 문화시민운동은 학교, 직장, 마을, 시 군마다 자율적으로 토론회, 강좌, 한마당축제 등을 열어 한마음, 한가족, 한민족운동으로 발전되도록 여러 모임을 만들어야 합니다.

② 한국 얼마나 후진국인가?

언제까지 남의 나라 국민들에게 비웃음과 손가락질과 측은한 대상이 되어서야 되겠습니까? 어려운 때일수록 우리가 할 수 있는 최신의 선택은 기본으로 돌아가는 것이며 이 일을 할 수 있는 것은 교육과 문화의 힘뿐입니다. 그러기에 교육개혁은 국민의식개혁과 함께 해야 이룰 수 있다고 생각합니다. 한국인의 전체 평균 의식수준은 어느 정도일까요?

한국인의 의식수준은 선진국에 150년 뒤떨어졌음을 탄식하는 철학자, 명예교수가 계셨고, 100년이 뒤떨어졌다는 신문사 논설위원의 글을 보았습니다. 한국에는 위대한 선지자, 학자, 예술가, 기업가도 많으나 국민의 전체적인 수준은 후진국임을 자인하고 생각, 생활태도, 관습, 교육 등 모든 것을 다시 한번 점검하여 좋은 것은 계승하고 바꿀 것은 혁명적으로 과감하게 바꾸도록 문제점을 찾고 할 일을 찾아야 합니다. 특히 망국적인 지역갈등, 지역대립과 마약사범, 인신매매, 유괴범, 부정부패, 부실공사, 사기, 성차별, 아동학대, 혈세낭비 등은 전 시민이 고발하여 척결하도록 신고전화 개설을 제안합니다.

③ 우리의 의식 무엇을 바꿀 것인가?

학부모, 교원, 시민, 학생, 행정가, 정치인들의 교육관을 과감하게 바꾸어야 합니다. 지금까지 우리들은 공부, 성적, 일류대학, 입신출세, 황금만능에 눈이 어두워 사람답게 자라나게 하는 교육을 못했습니다. 말로만 중요하다고 하였습니다.

가정이나 학교나 사회에서 자연과 사람을 사랑하고, 더불어 살기 좋은 세상을 실현하며, 개성을 살리고 잠재능력을 극대화하여 조국과 인류의 이상을 실현하는 교육을 말로만 시키고 실제 행동화, 생활화, 습관화도 시키지 못하였으며, 거르지 않고 외국의 교육을 무분별하게 수입하여 시행착오도 많이 일으키면서 입시에만 매달렸습니다.

지금부터 잘못된 의식은 과감히 바꾸어 적어도 남에게 피해를 주거나 해를 끼치지는 않는다는 의식은 누구나 갖도록 교육시켜야하고 모범을 보여야 아이들도 그대로 본받고 따릅니다.

문화시민, 시민의식 개혁을 위해 시민대학이나 학부모대학 창립을 제안합니다.

④ 시급한 학교내외 폭력의 근절과 예방

아이들은 남을 도와주고 약한 사람을 도와주고 서로 아껴주고 사랑하는 깨끗하고 맑은 마음을 지키고 키워가도록 교육시켜야 합니다.

그러나 교육은 말로 되는 것이 아니고 모범을 보이고 스스로 느끼고 행하는 것인데 지금 우리 아이들은 어른들의 잘못을 그대로 행동화하고 있습니다.

대표적인 것이 왕따, 집단 괴롭힘, 따돌림, 폭력의 성행입니다. 왕따 현상은 우리 아이들의 정서에 아물지 않는 상처를 남기는데 따돌림을 받는 아이나, 괴롭히는 아이나, 그걸 방관하는 아이들 모두가 피해자이며 정신을 황폐화시키는 무서운 암적 현상입니다. 극단적인 경우 정신질환이나 자살까지 하게 되는데 날라리, 개구쟁이, 골목대장, 우등생까지 가해자가 되기도 하고 장애아, 지진아, 잘난 척, 예쁜 척, 심지어 질문만 해도 타겟이 되는데 두려워서 돕지도 못하고 같이 가세하거나 방관하게 되니 이것을 시급히 해결하기 위한 대책이 세워져야 합니다.

교사는 자기 학급부터 치료해 주어야 하는데 먼저 아이들과 대화, 일기, 쪽지, 편지 등을 통하여 괴롭히는 아이를 찾아서 이름을 적어놓고 토론, 훈화, 역할극, 반성문, 학부모와의 대화, 전화, 가정통신, 가정방문 등 교사와 학부모가 같이 고뇌하고 문제아 생활지도에 빈틈을 두지 않고 꾸준히 지도해야 합니다.

「왕따」 가해학생, 학부모의 봉사활동, 「왕따」신고 전용 전화 개설, 피해학생 자택학습이 가능하고 부정행위 불성실한 태도, 음주흡연, 남의 권리 침해 등에 학생처벌을 제한적으로 허용한 교육부와 대성여상교의 방침을 환영합니다.

교사와 부모의 언동, 지나친 경쟁 차별대우, 무관심과 방관은 아이들의 마음을 황폐화시키는 저질의 상품과 함께 공동체시민들에 의하여 예방과 근절책을 세워야 합니다.

자녀 학교 안심하고 학교 보내기 운동도 교사와 학부모 학생까지 참여하는 시민운동으로 전개되어야 합니다.

조국의 밝은 미래를 위해 부모에게도 말 못하는 어린것들이 겪는 마음의 고통을 반드시 해결해 주어야 합니다. 지금 당장 해결방안을 강구하여 실천해야 합니다. 학교마다 학생보호위원회를 만들 것을 제안합니다.

⑤ 병들어 가는 아이들을 위해

우리의 아이들, 유아 어린이 청소년들은 우리의 희망이며 다음 세대의 주역입니다. 무한한 잠재력을 갖고 미래를 책임질 소중한 자원인 아이들에게 민족의 번영과 행복한 삶을 누리도록 어른들은 가정·학교·사회에서 보살펴 주고 올바르게 교육하고 있습니까?

우리 어른들은 제대로 보살펴 주지도, 올바르게 키우지 못한 탓에 아이들은 흔들리고 병들어 신음하고 황폐화되어 가고 있으니 음주, 흡연, 본드흡입, 마약흡입, 강절도, 가출, 자살, 살인등 해마다 10만 명이 넘고 갈수록 저연령화 하고 여자아이들까지 확산하는 참담한 현실입니다.

생활환경은 나아졌으나 운동부족으로 비만, 충치, 시력약화로 안경쓰는 아이들은 증가하고 교통사고, 정신장애, 아동학대, 낙태로 죽는 생명, 외국으로 수출되는 버려지는 아기들. 우리나라는 고아 수출국 세계 1위입니다.

우리 어른들은 내아들 딸만 금이야 옥이야 하며 일류대학만 입학시켜 입신출세 시키려 애쓸 뿐이고, 인성교육, 창의력 신장교육은 현장의 교원들이 이론적으로 강조 할뿐 등한시하며 일류대에 몇 명 합격시키느냐에 울고 웃으며 고질적 병폐인 입시 위주의 획일적 교육과 그로 인한 엄청난 사교육비 부담은 해소되지 못하고 정상적인 교육은 여전히 이루어지지 못하고 있습니다.

우리 아이들에게 입신출세 교육은 채찍질하면서 반성할 줄은 모르는 어른들은 돈과 권력과 지위에만 눈이 어두워 서로 허물만 흉보며 살벌한 싸움질만하고 말로는 정직, 근면, 성실, 친절, 예절들을 강조하나 어른들이 반사회적 부정, 비리, 범법을 하며 수단방법을 가리지 않고 입신출세하는 것을 성공으로 보고 허풍과 겉치레, 겉멋만 내기에 우리 아이들도 자연히 그걸 보고 듣고 배우며 본받고 있는 것입니다. 정부와 학교, 학부모의 과감한 개입으로 학교폭력을 퇴치시켜야 합니다.

따라서 문제의 아이들이 된 것을 문제의 어른들 때문이기에 어른들의 의식전환, 문화시민이 되는 운동이 대전에서부터 적극적으로 전개되어 전국으로 확산시켜야 합니다. 학교마다 학생선도위원회, 명예경찰봉사대를 만들 것을 제안합니다.

⑥ 유아교육은 출생부터 시작합니다.

제2 건국범국민추진위원회는 초등학교 입학 연령을 만6살에서 만5살로 낮춰 6-3-3-4제인 현행 기간 학제를 7-3-3-4제로 변경하거나, 만5살 유치원교육을 의무교육 과정에 편입 1-6-3-3-4제로 바꾸는 방안을 건의하기로 하였는데 필자는 하루 속히 시행되길 바랍니다.

더 나아가서 가정이 어렵거나 맞벌이 등으로 환경이 어려운 모든 유아들은 아기방, 유치원에 가장 저렴한 육아비를 들여 교육시킬 수 있도록 국가 지방 자치단체, 교육당국은 과감한 투자를 하기 바랍니다.

지금까지 유아 시절의 교육은 부모의 책임이며, 인격형성의 90%이상을 결정짓는 중요한 시기임에도 등한히 한게 사실입니다. 공립유아원, 유치원은 달동네, 농촌, 공장지대등 여건이 안 좋은 곳부터 점차 확산시켜 언젠가는 희망에 따라 출생부터 적절한 교육을 받는 선진국이 되기 위하여 유아교육진흥회를 만들 것을 제안합니다.

⑦ 문화·예술교육은 문화창조의 근원

모든 삶의 고달픔을 놀이로써 풀 수 있으며 무한한 상상력과 창의력을 문화예술 행위를 보고 듣고 느낄 때 창조되는 것입니다. 인간이 자연에 대한 감사 할 줄 알며 정복하자고 노력해 오면서도 큰 재난에 대한 두려움으로 자연의 여러 신에 대한 제사를 아끼지 않았습니다.

우리의 문화도 정보화, 세계화를 통해 국제 경쟁력의 재고에 힘써야 하며 선진문화와 예술의 국제적 교류도 경제 외교 못지 않게 중요합니다. 그러나 무분별한 저질의 문화 상품인 성인용 폭력, 음란비디오, 간행물, 프로그램 등이 그대로 노출되어 몰래 빌려보아 충동을 일으켜 범법하고, 아이들 범죄의 근원이 됨을 알고 좋은 문화 상품을 계발하고 보급하도록 힘써야 합니다.

문화예술을 유아부터 청소년은 물론 모든 시민이 언제나 어디서나 보고 듣고 느낄 수 있어야 하며 직접 참여하도록 정부나 자치단체, 교육청은 과감한 투자를 하고, 학급, 학교, 아파트 단지, 마을, 구청마다 도선관, 문화공간, 체육시설 등을 만들어 독서와 문화예술 체육의 생활화가 이루어지도록 노력해야 합니다.

특히 돈이 적게 드는 지도자의 양성과 프로그램을 계발하여 생활체조, 기체조, 동네축구, 학급문고, 은행, 동사무서, 구청 등과 학생수

감축으로 인한 잉여교실, 폐교된 학교는 문화공간으로 최대한 활용해야 문화시민이 되고 선진국이 됩니다.

현재 대전 학생도서관이 하나 있을 뿐이고, 청소년 문화시설이 몇 곳 있으나 제대로 활용하지 못하고 있으며 건물만 서 있을뿐인데 사장되고 있는 엑스포과학공원과 함께 배움터로 활용되도록 과감한 문화정책이 시행되어야 합니다. 그러기에 학생문화진흥회나 학생예총 창립을 제안합니다.

⑧ 어린이·학생문화의 진흥을 위하여

어른을 위한 예총이 있고 문협, 음협, 미협 등 여러개의 문화예술단체와 체육회, 사회시민단체, 노인회, 여성단체, 교총과 전교조 등 어른들은 여러 단체를 만들어 권익을 옹호하고 전문성을 신장하는 등 어려움속에서도 자기 목소리를 낼수 있으나 어린이와 청소년이 주도하는 단체는 없습니다. 대전 충남의 경우 어린이나 청소년 신문, 잡지도 없고 언론계에서도 지면을 거의 주지 않습니다. 전용극장, 문화원, 회관도 없으니 집에서 텔레비전을 보는 것, 오락실이나 만화방에 가는 것, 컴퓨터 게임하는 것뿐입니다.

기업인도 정치인도 의원들도 선거 때가 되면 아이들과 사진을 찍고 후손을 위하여 좋은 일을 하겠다고 홍보와 선전을 하지만 그때뿐이다.

하지만 대전 유성구청장이 갖은 난관을 무릅쓰고 전국에서 처음으로 초등학교 완전급식을 시작 전국으로 확산된 공로는 한사람의 힘이 위대함을 보여준 본보기입니다.

수년 전 제주지사가 청소년들의 심신단련 및 인성교육에 역점을 두어 향후 2001년까지 사업비 2백46억을 투입하여 민간유치와 함께 범

국민적 효행실천운동, 소외계층 청소년선도, 보호, 격려 등 3대 운동을 중점으로 추진하겠다는 기사를 보았습니다. 우리 대전 충남도도 아이들에게 관심을 갖고 과감한 투자를 하고 지도자를 육성하여 대전의 아동문학가들과 교사들에 의해 아동문학회와 어린이문화진흥회가 있으나 일년에 책한권내고 예능대회 몇 번 할 뿐 어린이를 위한 활동을 제대로 할 수 있게 되길 바랍니다.

다행히 YMCA, YWCA, 청소년마을, 주부교실, 청소년 연맹 등 청소년을 위한 사회단체에서 좋은 일을 많이 하고 있는데 서로 연대하여 아이들을 위한 좋은 일을 많이 할 수 있도록 자치단체, 교육청, 예총, 기업인들이 성원해야 할 것입니다. 그러기 위해 어린이 청소년 신문이나 잡지의 창간으로 아이들 목소리를 대변해 주실 독지가나 시민의 모임이 하루 속히 나오기를 시대합니다.

⑨ 교육개혁 시민운동의 활성화 방안

시민과 아이들의 가장 좋은 교육의 장은 TV와 언론, 출판, 영상매체입니다. 시청률 경쟁에서 벗어나 한국의 현실과 내일을 위하여 좋은 프로만 개발한다면 망국적인 지역감정이나 왕따문제도 해결할 수 있을 만큼 영향력은 큽니다.

따라서 언론계를 비롯한 이 나라의 지방자치단체장, 의원, 시민단체는 100년이상 뒤진 의식개혁을 위해 문화선진국이 되기 위해 좋은 스승이 되길 바랍니다.

우리의 후손들이 올바르게 잘자라도록 친절하고 질서를 지키며 청결한 환경을 만들어 더불어 행복하게 사는 삶을 영위하도록 선도하기 바랍니다.

아이들이 자연과 문화현장에 나아가 관람하는 태도, 공중도덕을 지키게 하고 잘못된 버릇은 아기때 부터 고쳐지도록 엄하게 지도해야 합니다.

좋은 책, 만화, 비디오, 건전가요, 좋은 노래와 연극, 영화가 아이들이 언제나 가까이서 볼 수 있게 하고 도선관, 과학관, 체육시설, 문화공간을 많이 만들어 문화생활을 하게 해야 합니다.

학력차별을 무너뜨리고 학연, 지연, 혈연에 차별 받지 않게 하며 배우고 싶은 사람은 누구나 언제나 배울 수 있도록 대학의 문을 활짝 열고 실업고교와 전문대학, 독학의 길을 우대해야 합니다.

꼴찌에게도 상을 주고 장학금을 주며 특히 문제아, 가해자, 범법자에게 사랑으로 교화교육을 시켜 재범하지 않도록 과감하게 투자하기 바랍니다. 신창원 한사람 때문에 얼마나 많은 경찰과 시민들이 고통을 받고 있는가를 생각한다면 범법자를 잘 교육하는 것이 국가 이익임을 알것입니다.

모든 국민이 서로 웃으며 잘 살수 있는 사회, 가정, 학교를 만드는 것이 교육개혁 문화시민운동의 결실이 될 것입니다.

Ⅲ. 맺음말

한반도의 중심에 위치한 대전이 문화시민운동의 센터가 되기 바랍니다. 대전의 모든 시민이 참여하는 문화시민운동은 교육개혁, 사회개혁, 생활개혁을 병행하여 우리 민족의 생존과 직결되는 문제를 해결하고 국민의 지혜와 의지의 결집으로 새로운 국가건설, 문화선진국을 만들기 위함입니다.

세상이 변해도 변하지 않는 부모의 따뜻한 마음으로 앞일을 생각하는 엄마의 깊은 마음으로 내아들 딸과 똑같이 모든아이들을 위합시다. 아직도 늦지 않았으나 우리들은 죄인된 심정으로 학교의 문제아들, 지금도 길거리에서 예절도 모르고 담배 피우는 아이들, 거침없이 욕설하고 다투고 폭행하는 아이들, 죄를 짓는 아이들, 소년원에 있는 아이들, 외국으로 수출되어 가는 아이들, 미혼모에 170여만명 실직자와 그 가족들과 함께 걱정하고 아픔을 나누는 좋은 친구가 됩시다.

좋은 이웃이 됩시다. 그러기 위해 새교육공동체나 여러 시민단체를 만들거나 참여해서 같이 손잡고 일 할 것을 제안합니다.

어른들만의 나라

어떤 분은 내가 주는 복사신문을 받으며 이런 핀잔을 하지만, 세상을 향해서 내가 하고 싶은 말이나 계획을 혼자 간직하기엔 아까워서 나누어주는 것이다. 아직, 같이 지은 책만 있을 뿐, 책 한 권도 내지 못했지만 '어린이 문학'을 통하여 글 쓰고 신문 만드는 재미있는 끊임없이 계속할 작정이다.

'국어교육', '동극문학', '생활 문학' 등 작은 회보 만들기도 때때로 하여 회원들에게 나누어 주고, 우리 말글의 사랑과 문학을 통하여 진실과 정의, 믿음과 사랑의 소중함을 일깨우는 일을 여러 어린이와 학부모와 선생님들이 함께 하고 전국으로 널리 펼쳐 보고 싶다.

이것은 여러 은사와 문학인들과 베풀어 준 여러분들께 그리고 잘못 가르친 제자들에게도 은혜를 갚고 속죄하는 길이 되는 것이다.

"나는 동네 형한테 얻어맞고 화가 나서 냉장고에서 물을 꺼내 한잔 마셨다. 그랬더니 화가 좀 풀렸다. 앞으로도……."

"나는 언니와 싸우다가 말리시는 엄마를 발로 한번 찼다가 혼이 났다."

2학년의 일기를 보다가 깜짝 놀랐다. 세상이 변하고 어린이도 많이 변하는데 버릇없고 예절 도덕을 모르며 친구 친구나 여자들을 괴롭히는 아이들이 많아지는 것이다. 술 마시고 담배 피우고 본드 냄새 맡는 아이까지 있는데 특히 중·고등 학생과 중퇴자들은 조직 폭력 써클을 만들어 비행을 일삼고 있다. 돈도 빼앗고 폭력을 휘두르며 각종 범죄를 일으키는데 이젠 국민하갱들까지 상당수가 이런 나쁜 짓을 많이 하고 있어 대통령께서도 대책을 세우라고 지시를 하기에 이르렀다.

"학교에 가기가 겁나요."

"학교 보내기가 겁나요."

아이들이나 학부모들은 학교 주변의 폭력배들 때문에 마음놓고 학교조차 다닐 수가 없는 사회가 되어 돈을 빼앗기고 폭행을 당했어도 보복이 두려워 누구에게 알리지도 못하여 끙끙 앓다가 정신질환까지 앓게 되고 자살까지 하는 학생이 생겼다. 가출하는 학생도 수없이 많아 큰 걱정이다. 특히 중·고 중퇴자들이 좌절감으로 폭력배로 전략하여 쉽게 범죄의 유혹에 빠지는 경우가 많은데 금품을 17억 빼앗기고 폭력 서클이 1천개이상이란 교육부 설문 조사가 나왔지만 사실은 이보다 훨씬 많을 것이다.

지금까지 내아들 딸, 우리 학교 학생 시험 공부 잘해서 좋은 대학 많이 들어가 출세하면 된다는 부모와 선생님들의 고정관념과 어떻게 하든지 돈만 벌면 된다는 장사꾼들은 폭력·음란·사행성을 조장하는 비디오, 만화서적, 오락기, 고액과외, 학습지를 제작하여 판매하고 텔레비전은 호화로운 의상과 빨간 물감까지 머리에 물들이고 날뛰는 가수, 그룹들이 인기 있다고 계속 방영하고, 폭력배를 미화한 드라마가 계속 방영되니 어린이와 청소년들은 그들을 우상으로 알고 본 받으려 하는 것이다. 정부는 버릇처럼 폭력을 휘두르는 학생에 대해서는 사회봉사 명령제를 적용하기로 하고 만팔천여명을 두어 예방위주의 단속을 펼쳐 나가겠다고 했으니 참으로 다행힌 일이다. 그러나 중단하면 어쩌나 걱정이 된다.

어린이 문화 진흥회는 수 십년 전부터 소외 받고 있는 어린이와 청소년들은 집에서는 옥이야 금이야 하고 키우지만 집 밖으로만 나오면 엄청난 문제들에 무방비로 노출돼 있으니 대책을 세워 달라고 외쳐온 문화인들의 모임이다. 어린이와 문화의 발전을 위하여 여러 곳에서 애쓰고 있는데 '오늘의 어린이 이대로 좋은가?'를 통하여 관심을 불러일으키고 있다.

문화·미술·음악·출판·문화 운동가들의 모임체로 5년 전에 조직하여 일년에 두권씩 어린이 청소년 관련 신무기사를 스크랩하여 전국에 보내 주었건만 어른들과 정부도 이제까지 별다른 관심을 가져주지 않았다. 다만 대우그룹 김우중 회장이 매년 1억원 이상 투자해서 '어린이 문화'발간, 시화전, 문화상 시상, 세미나, 연구 책자 발간 등을 해오고 있으나 사회와 교육을 변화시키기도 역부족이다.

"왜 우리나라는 어른들만 위하는 나라입니까? 어른들을 위해선 아낌없이 국가 예산을 쓰면서 어린이와 청소년을 위해선 돈도 쓸 줄 모르고, 무관심합니까? 왜 어린이를 위한 문화시설, 문화건강, 체육시설, 전용극장, 전용도서관, 여가 선용 시설을 안 만듭니까? 지도자도 왜 양성하지 않습니까? 어린이를 위하는 어린이 예총을 만들어 지원해 줄 순 없습니까?"

"시험을 없애고 배우고 싶은 학생은 모두 배우게 대학문을 활짝 열고 야간 대학을 활용할 순 없습니까? 체육관, 엑스포장 등을 어린이와 청소년을 위해 무료 개방할 수 없습니까?"

아무런 반응이 없지만 나는 멈추지 않고 어린이 문화진흥회 대전·충남지회, 생활문화 운동본부, 어린이 문학회 등을 발기하여 뜻을 같이하는 분들을 모으고 있다.

이런 문제도 지방의원 단체장을 비롯한 정부에서 해야 하기에 그분들을 만나 대화하고 설득하여 정책에 반영시키는 길뿐이기에 이런 글을 쓰는 것입니다.

유성구청장은 난관을 무릅쓰고 학생 급식을 지원하게 되어 큰 일을 하였다. 어린이와 청소년을 위하여 애쓰는 문학인, 문화단체는 많이 있으나 정치가는 거의 없는 듯하다. 만일 어린이도 투표권이 있는 유권자라면 이렇게 무관심하진 않을 것이다. 왜 한국의 정치 지도자는 어린이를 말로만 보배라고 할까?

계몽사는 어린이 한국문화 54권을 발간했는데 49권이 동극집 곽영석 외 4분의 '어린이 공화국'을 펴냈다. 내가 30여년 전부터 글벗으로 알고 존경하는 거제능포국교 교장인 옥미조 순리원 원장은 '시인 대통령'이란 시집을 120권째 책으로 내놓았다. '어린이 공화국의 시인 대통령' 이건 꿈이 아니다. 여러분은 더욱 소중하며 여러분은 이 세상 모든 어린이가 우리의 친구요, 물과 공기와 풀, 벌레지 모든 자연은 인간에게 무한한 보배이니 함부로 파괴해선 안되며, 돈과 명예나 권력이 좋긴 좋으나 정정당당하게 얻어야 하고 우리의 말, 글은 우리 문화의 생명인 우리 얼임을 잊지 말고 살려야 한다.

사람의 심성을 푸르고 맑고 밝게 가꾸고 문화인으로서 자지을 함양하고 문화예술의 생활화를 위하 오늘보다 내일, 통일 한국과 21세기를 이끌어 갈 여러분을 위하여 나는 한 줌의 거름이 되고 한 방울의 빗방울이 되고 싶어 '어린이 문학, 열린교육문화원, 회보'등을 만들면서 꿈을 키워가고 있다. 나의 꿈은 한없이 높으나 언제나 행동으로 나타내며 한 걸음 한 걸음 실천하여 변화시키는 것이니 함께 하기 바란다.

제 1회 대전 청소년문화 순회강좌 안내

초대의 글

문화의 세기인 21세기를 맞이할 대전의 청소년들에게 독서와 글쓰기의 생활화와 문화민족의 얼을 심어 주어 문화 시민으로 육성하려고 청소년문화 순회강좌를 실시합니다.

대전 청소년 문화의 텃밭에 꽃이 피고 열매를 맺을 수 있도록 씨를 뿌리고 촛대에 불씨를 지피는 이 강좌에 많이 참석하기 바랍니다.

일시 : 1999.11.2. ~11.12
장소 : 호수돈여고 강당 11.2(화)(14시 30분)
대전둔산중학교 강당 11.5(금)(14시 30분)
대전버드내중학교 강당 11.9(화)(14시 30분)
대전대흥초등학교 강당 11.11(목)(14시30분)
가수원초등학교 강당 11.12(금)(14시 30분)
주최 : 어린이 문화진흥회 대전충남지회
대전광역시 새교육공동체협의회
후원 : 대전광역시, 대전광역시교육청
국민문학독서진흥회, 중도일보사

인사말씀

청소년 여러분은 우리들의 희망이며 내일의 주역입니다. 이제 21세기가 시작되면 새로운 밀레니엄이 시작되는 새 천년은 우리에게 더 많은 꿈과 기대를 안겨줍니다.

새 천년에는 어두운 것들이 모두 사라지고 밝은 것들이 가득하기를 빌며 살기 좋은 사회 아름다운 나라는 여러분들이 함께 만들어가야 합니다.

친절하고 질서를 잘 지키며 예의 바르고 활짝 웃을 수 있는 사회, 남을 존중하고 폐를 끼치지 않고 더불어 함께 고통을 나누고, 우리 말글과 얼을 소중히 알고 문화예술을 사랑하는 문화선진국을 함께 만듭시다.

독서를 생활화하고 메모하기, 일기쓰기, 편지하기, 글쓰기, 인터넷 등 자기의 생각을 말과 글로 표현하고 바른 생각을 행동으로 옮길 때 이 나라도 더욱 발전할 것으로 믿습니다.

오늘 여러분을 위하여 강사님을 초빙하여 순회 문화 강좌를 여는 것도 여러 청소년들에게 꿈과 희망을 주기 위한 행사이나 잘 들으시고 좋은 일을 많이 하기 바랍니다.

1999.11

강사 한상수 (대전대 교수, 문학박사, 동화작가) : 대홍초

변평섭 (중도일보 전무이사, 주필, 수필가) : 둔산중

유동삼 (시조시인, 한말글사랑 한밭모임 회장) : 호수돈여고

이정구(수필가, 충청일보 논설위원) : 호수돈여고

유재봉 (시인, 전민중학교 교감) : 버드내중

조일남 (시조시인, 버드내중학교 교장) : 버드내중
김영훈 (아동문학가, 대전교단문학회장, 대덕초등교 교감) : 가수원초
신용숙 (동화작가, 국민문학독서진흥회 사무국장) : 대흥초
변상호 (희곡작가, 대전문인협회 이사, 대전 어린이문화진흥회장)
: 가수원초

강의 주제

21세기 문화세기 어떻게 살 것인가?
독서와 글쓰기의 생활화 운동
새 문화창조와 문화인의 글
우리 말글 사랑과 우리 문화
21세기의 어린이문화
동시 쓰기와 동화구연

대전문화헌장

우리는 선조들이 이룩한 훌륭한 문화를 이어 받아 슬기롭게 살아왔다. 이에 우리는 빛나는 전통의 터전에서 새로운 문화를 꽃피워 대전을 더 살기좋은 고장으로 만들기 위하여 다음과 같이 다짐한다.

우리는 문화시민으로서의 긍지를 가진다.
우리는 자랑스런 전통문화를 이어간다.
우리는 품격 높은 생활문화를 이룩한다.
우리는 아름다운 예술문화를 창조한다.
우리는 희망찬 미래를 후손에게 열어준다.

재미있는 극본 쓰기

연극이란 무엇일까요? 배우가 극장의 무대(교실)에서 작가가 쓴 극본(희곡)을 가지고 관객 앞에서 연출자의 지시에 따라 연기해 보이는 것으로서 여기에는 음악(효과)과 미술(무대장치, 의상, 분장, 도구)까지 동원하는 종합예술입니다. 대화와 표정, 동작 등 몸의 표현을 통하여 어떤 이야기를 전하는 활동인데 연극을 하기 위해 쓴 글을 극본, 희곡, 연극대본, 각본이라고도 합니다, 무대극, 방송극, TV극, 인형극, 그림연극에도 꼭 필요한 글이고 어린이를 대상으로 한 극을 아동극, 동극, 어린이극이라고 합니다.

극본은 극작가, 희곡작가가 쓰지만 어린이도 생활문처럼 직접 써서 교실극이나 학예회 때 공연하기도 합니다.

극본은 어떻게 쓸까요?

1. 제목, 지은이, 때, 곳, 나오는 사람들을 씁니다.

먼저 제목을 쓰고 작가의 이름을 쓴 다음 어느 때의 이야기인가, 어느 곳에서 어떤 사람들에 의해 일어난 이야기인가를 첫 부분에 씁니다. 나오는 사람들에 따라 알맞은 무대장치, 의상, 효과음, 소도구 등을 준비해야 하니까요. 나오는 사람들 중에는 동물이나 말하고 행동하는 것을 모두 포함시킵니다.

2. 무대는 배경이나 장치를 설명합니다.

연극의 분위기를 살리기 위한 무대의 장치는 어떻게 하고, 배경은 어떻게 꾸며야 할 것인지를 설명합니다. 제 1막 막이 오르면 이 때에도 무대 장치, 배경, 효과음 등 분위기를 씁니다.

3. 막, 장, 경으로 나눕니다.

연극은 영화처럼 장소가 바뀌거나 시간이 바뀌는 과정을 모두 나타낼 수가 없기에 중요한 장면만 막, 장, 또는 경으로 나눕니다. 보통 '경'은 막을 내리지 않고 불이 꺼지면서 다음 장면으로 무대 장치가 바뀌고 '장', '막'은 막을 내리고 다음 장면으로 이어지거나 끝이 납니다.

4. 대사로 이야기가 계속 이어집니다.

소설이나 동화 또는 생활문에서도 대화글이 자주 나오지만 극본은 거의가 대화글, 즉 대사로 이루어집니다. 대사는 개성이나 의지가 나타나야 하며 대사가 극본의 생명이라 할 만큼 중요합니다. 배우가 혼자서 하는 말을 독백이라 하고 고민, 결심, 생각, 추억 등을 혼자 중얼거리는 경우에 씁니다. 혼자 하는 연극을 1인극 또는 모노드라마라고 하는데 1인 2역, 3역도 합니다.

5. 대사를 돕는 바탕글을 씁니다.

배우가 할 행동이나 말하는 감정, 표정 등을 설명해 두는 글이 지시문 또는 지문입니다. 연극은 보면서 듣는 것이기에 얼굴의 표정, 손놀림, 동장에 따른 대사를 할 수 있도록 써야 합니다. 결국 극본은 대사와 바탕글로 이루어집니다.

우리들이 생활문, 수필, 동시, 동화를 쓸 수 있고 그 글을 극본으로 고쳐 써서 연극을 하는 것도 재미있습니다. 극본으로 고치려면 등장인물은 누구로 할까, 무대장치나 배경은 어떻게 할까, 곳과 때는 언제로 할까, 대사와 지문으로 나타낼 것을 구분하고, 노래와 춤과 음향효과까지 생각한다면 좋은 극본이 됩니다. 출연하는 사람들이 협의해서 공동작품을 만들 수도 잇고 연습하면서 더 알맞은 대화를 보태기도 하고 뺀다면 재미있는 극본이 나오고 연극을 할 수 있습니다.

나도 배우다

1972년 문화공보부에서 공모한 연극부문 동극이 당선, 신인예술상을 탄 이후, 나는 황무지 같은 동극계에 씨를 뿌리라는 심사위원장 김영일 작가의 부탁을 잊지는 않았다. 신문잡지에 극본을 써서 발표도 하고, 교실극을 해보고 연극경연대회에도 출전하고, 연극강습회에도 나가 국립극장에서 조연으로 출연도 한바 있다. 그러나 극본을 현실에서 재미있게 쓰기란 너무 힘들어 포기하고 산문이나 컬럼을 쓰는 게 고작이다.

그런데 지난 해 효문화 뿌리축제 때, 이완순 극본, 변상호 감독의 '하늘에 닿은 논개의 절개'를 공연한 바 있다. 몇 달간 연습하였으나 시원찮아 조마조마하였는데 당일엔 의외로 익숙한 연기들을 하여 참으로 흐뭇하였다. 우리 일행은 주논개의 출생지인 전북 장수에 가서 묘소에 참배도 하고, 유관순 열사처럼 예우도 해야 한다고 주장도 하고 있으나 성과두 미미하다.

올해는 '청년들이여, 낙망하지 말라!' 도산 안창호 선생의 어록을 중심으로 김용복 작, 이완순 각색, 김기출 연출, 양동길 예술감독으로 20여 명의 배우들이 지난 10월 7일 뿌리공원 수변무대에서 공연을 하였는데, 전문배우 뺨치게 잘하는 친구도 있었다.

나도 신익희 선생 역을 맡아 처음으로 조연을 하였다. 그런대로 잘 했는데 세종 종촌고등학교에서 초청하여, 2번째 공연을 하게 되었다. 이번엔 아주 훌륭한 배우들이 되어 그럴듯하게 하였다.

한번으로 끝날 줄 알았는데 청소년들에게 역사교육, 위인을 알고 본받는 교육을 하려면 연극만큼 좋은 프로가 어디 있을까? 욕심 같아선 전국순회 공연이라도 하고 싶으나 후원자가 없으니 나무아무타불이다.

이제 나도 배우라 할 수 있을까?

연극 교육과 어린이 청소년 정서

1. 우리의 보배 청소년들의 현실

오월이 오면 어린이날, 가정의 달, 청소년의 달, 스승의 날이 있기에 우리의 민족의 암흑기인 1920년대의 일본으로부터 온갖 핍박을 받고 사는 조국의 어린이들에게 큰 용기와 희망을 불어 넣어 준 고마운 소파와 애국청년 학생들과 힘을 모아 소년 문화계몽을 편 〈색동회〉를 생각나게 하고 부끄러워한다.

아빠는 좋겠다. 일요일 내내 주무셔도
공부하라는 사람 없네.

아빠는 좋겠다. 거울을 깨어도
혼내 줄 사람 없네.

아빠는 좋겠다. 학교 가지 않아도
시험 보지 않아도 아빠는 정말 좋겠다.

소년 조선에 가작 당선한 서울 포이국교 2년 임원국이 앙증스런 마음이 보이지 않는가?

나는 가고 싶네, 숙제 없는 나라로
숙제 없는 나라는 없지만 끝까지 찾아보리라.

숙제 없는 나라는 끝이 길지만 꼭 찾아 가리라.
라라라 우리 모두 손잡고 숙제 없는 나라로 떠나자.

나는 어제 시험에서 88점을 맞아 혼났다.
2점만 더 맞아도 되는 건데. 아, 죽고 싶다……

석교 4의 6 장연희가 일기에 이런 글을 쓸 줄은 상상도 못했다.

"그래서 오늘 다락방에서 울었다. 그리고 사는 게 싫고 죽고만 싶었다. 진짜 사는 게 싫었다."

우리 모두 시험 없는 나라 찾고 있어요.
시험 없는 나라 없지만 찾아보자.
시험 없는 나라 멀고도 험하지만
우리 모두 힘내어 찾아보자.
라라라 노래하며 시험 없는 나라 가고 있지요.

"시험이 인생의 전부가 아니잖아요? 어른들께서 공부해라 하는 소리는 알고 있지만 우리들은 꿈이 있다. 지겨운 어른들의 소리에 공부가 더 안 된다……."

언제 봐도 우리 선생님은 웃음꽃이 참 많지요.
선생님은 꽃부자. 우리들에게 웃음꽃을 주지요.
우리 선생님의 머리엔 고슴도치 그래도 그래도 좋더라…

"내일 모레는 시험 보는날, 두근두근 콩닥콩닥 내 마음은 떨리고 걱정되는 마음이 끝이 없다……."

작년 8월 2일 KBS 자녀교육 상담실의 청소년 정신 건강 상담은 나를 더욱 놀라게 했다. 안양 신경정신과 의사와의 상담내용 중 일부를 소개하면 K양은 중2년생, 국교 시절엔 공부도 잘하고 꿈이 아동문학가라며 독서도 많이 했는데……. 신경질, 짜증, 친구와의 소외감, 피해의식 때문에 꾀병으로 학교에도 자주 결석하며 죽고 싶다는 우울증에 걸렸다. 정말 그리 될지 모르니 빨리 전문의를 찾으라고 의사는 말했다.

고3 B남학생, 상사병이 걸린 듯 외국 어느 여배우의 사진을 걸어 놓고 그의 비디오를 사달라고 조르며, 왕족 같은 행세를 하고, 어머니에게 폭력을 사용하여 정신과 병원에 감호수용하고 있는데, 라디오를 넣어 달라는데 어쩌면 좋으냐?

고3 여학생 C양, 2~3개월에 한 번씩 어떤 여자가 책을 보는 것 같은 환상이 보이고 가슴이 답답하고 뜨거우며 입술의 핏기가 가시고 미칠 것 같다며 머리도 아프고 숨도 못 쉴 것같이 괴로운데, 시험 볼 날은 얼마 남지 않고…… 갈수록 악화되니 속히 대책을 세우라는 의사의 권고였다.

"정신병원을 찾는 청소년은 놀랄 만큼 시험 노이로제에 의한 증상이 심각해요."

「집에 들어가기가 무섭다.」「토할 것 같다.」는 어린이가 의외로 많아요. 허문명 기자가 쓴 기자의 창을 보면 가슴이 아프다.

「항상 밝고 맑은 웃음과 기쁜 마음으로 살자」는 일기의 맨 앞장에 쓰여진 글이 유난히 눈에 크게 들어 왔는데 대학 입시 5개월을 앞두고 아파트 옥상에서 투신자살한 박모 군의 어느 날 일기엔 「입원 10일째, 간밤에 집에서 신나게 노는 꿈을 꾸었다. 깨보니 현실은 답답한 지옥……」「감금 27일째 차라리 죽어 버리겠다. 부모님께 죄송하지만 이것만이 부모님을 돕는 길이다. 이제 더 이상 꿈도 희망도 없다.」

대전의 중고생 설문조사에 의하면 40%가 성인 만화나 음란 비디오를 보고 충동을 느꼈다고 했으며, 동심을 멍들게 하는 불량 폭력 장난감, 도박성 오락기구는 동네 문방구나 학교주변 구멍가게에 수없이 깔리고 팔리고 있다. 청소년의 범죄는 날로 증가하며 연소화하고 횡폭해지고 있는 실정이다.

2. 교육은 사회와 함께 개혁되어야 한다.

우리의 보배들은 꿈을 잃고 방황하고 있는데 국교에 영어과목을 채택하여 과열교육으로 정신적 피해만 주어서 되겠는가? 대학을 나와도 외국인과 대화를 제대로 못하게 된 중고등학교의 영어 교육부터 개선, 강화하는 것이 순서요, 실익일 것 같다.

먼저 사회에서 인류대학 출신자보다 훌륭한 기능인, 기술자가 더 대우를 받고, 학력보다 능력을 중시하는 풍토를 조성해야 한다. 공업고교 등 실업고교에 과감한 투자와 산업기술대학, 전문대학을 과감히 늘려 직업교육을 강화함과 함께 학교가 사람다운 사람을 키울 수 있는 교육을 하도록 공부방이나 학원의 입시 위주 교육에서 자연과 인간을 사랑하며 예체능 전담교사를 국교에선 사대 출신을 재교육시켜 청소년들에게 이론이나 단편적 지식보다 실기와 덕성을 길러주는 학교가 되도록 개혁해야 한다.

대학이 일생을 좌우하고 인격보다 석차가 중시되며 특정학교 출신자들을 우대하는 우를 범해선 안 된다. 스승과 학부모와 제자들이 일심동체가 되어 참다운 인간교육을 전인교육을 실시해야 한다. 우리는 정말 잘못 가르쳤다. 크게 멀리 보고 키워야 하겠다.

3. 예체능 교육과 연극 교육은 강화되어야 한다.

청소년용 저질 도서는 책방마다 가득하며 일본의 괴기, 성 관련 동화나 만화는 흥미위주로 자극적이며 선정적이기에 잘 팔리고 있다. 그리고 오싹오싹한 귀신 얘기 등은 잘 팔리나 건전한 창작 동화는 잘 안보는 현실에서 양서 보급과 독서 교육, 일기 쓰기 등 글짓기 교육은 강화돼야 한다. 사고력과 창의성 등 생활에 필요한 생각하는 힘을 길러 주기 때문이다.

학교의 음악교육도 시험 보기 위한 이론보다 가창, 악기 연주 등 실기 위주의 교육을 해야 하며 중고교에서도 마찬가지이다. 교과서에 나오는 곡만이 아니고 끊임없는 창작곡이 나오고 가르쳐야 하며, 건전가요 부르기 운동을 실시하여 밝고 환한 마음으로 합창, 제창, 독창 등 노래 부르기가 생활화되게 해야 하며 우리가락도 더 중시돼야 한다.

외국 영화도 상업성이 짙은 자극적인 작품은 흥행에 성공해 77년에 창단, 순수 창작극만 공연하던 「연극무대」도 손을 들고 상업극단으로 변신하는 것은 작품 성공 속에서도 재정난 때문이라고 한다. 하물며 청소년 연극은 무대도 희곡도 배우도 거의 없으니 관람할 기회도 없다. 선진국가의 중요 도시에는 청소년을 위한 연극장이 따로 있으며 관립극장이나 사설극장에도 자유롭게 다니며 연극과 오페라 등을 구경한다고 한다. 그들은 학교에서 배우지 못한 것을 배우고 부모와 같이 관람하며, 인형극 같은 아동극은 그들끼리 다니지만 성인극장에도 상상 동반하는 것이 상식으로 되어 있다. 부모와 대화해서 어려운 작품도 이해하며 예복을 입고 함께 예술을 감상하는 광경을 흔히 볼 수 있다. 출연 배우로부터 말솜씨를 배우고 세련된 매너, 나아가서 인생을 배우는 것이다.

오늘의 청소년들이 산 교육장으로 활용하고 자아와 인간성을 개발하기 위하여 정부는 연극 교육을 강화해야 한다.

4. 연극 교과목을 초중고등학교에 설치해야 한다.

황무지나 사막 같은 문화 환경에서 방황하는 청소년들은 연극이나 오페라, 무용 등 고급 예술을 접촉하지 못하고 대중가요나 부르며 코미디의 흉내나 내며 좋아하고, 가수를 스타로 알고 동경하며, 특히 외국의 유명가수가 오면 체육관을 꽉 메운 청소년들이 떼지어 쫓아다니며 괴성을 지리고 열광하는 것은 종합예술인 연극 교육의 부재 탓이기도 하다.

유희와 놀이는 본능이다. 어릴 적에 소꿉놀이 하며 풀과 사금파리로 떡과 밥을 짓고 여보, 당신, 아버지, 어머니 역할을 해 본 경험이 있을 것이다. 어른이 지켜보면 슬며시 다른 곳으로 피하여 또 하는 즐거운 놀이가 바로 연극 놀이의 시초이다. 어른이 시켜서 하는 것이 아니라 저희들끼리 꾸며서 본능적으로 하며 가공의 세계로 들어가고 싶은 인간의 묘한 심리를 충족시키는 것이다.

연극은 재미가 있어 하는 사람이나 보는 사람의 삶을 풍요롭고 즐겁게 해준다. 연극은 우리가 할 수 없는 것을 할 수 있게 해 주는 묘미도 있으니 천사도 되고 거지도 되어 어떤 역할이든 색다르고 다양한 경험을 통하여 한정된 삶을 풍요롭게 누리고 한정된 공간에서 나마 무한히 넓은 가능성에 도전하고 내일의 삶에 대한 기다림과 바램, 희망은 클라이막스로 치닫다가 결론에 이를 때의 가능성은 새로운 세계에의 잉태를 위한 준비가 되는 것이다.

그러므로 연극은 장난이 아니라 엄숙한 수도의 몸담음이며 오락에 그치는 게 아니라 삶의 연장이요 확대이며 축제인 것이다. 연극은 대사가 생명이므로 학교나 사회에서 가장 소중한 국어교육의 종합지도이며 말하며 행동하기에 고립, 수줍음을 없애고 자신감과 적극성을 길러주며 여럿이 해야 하므로 합동심도 길러지고 교유관계도 원만해지므로 민주 시민으로 육성하는 전인 교육인 것이다.

들리는 바로는 금년부터 승진 점수가 가산되는 초중등교사 연극강습회가 교육부와 체육청소년부의 지원 아래 공식적으로 시행된다고 전하니 기쁜 일이다. 연극 교과목의 설치 및 운영에 관한 정부 측의 교육철학적 인식과 구체적인 계획수립 및 그 실행 방법을 연구하길 바란다.

새로운 예술교육과 현대적인 매체교육의 일환으로 연극 교육의 중요성을 새삼 강조할 여지가 없다. 뒤늦게나마 우리 현행 교육과정과 방법의 낙후성을 개신하고 극복하는 데 연극교육이 첨단적인 기여와 효과를 거두게 될 것이라는 점은 선진제국의 실제 사례로서 충분히 증명되고도 남음이 있다.

연극 교육은 자율적이고 집단적인 협동심과 협업능력을 기르고 능동적이고 효과적인 표현력(발표력)을 신장시키며 억압과 불만과 갈등을 해소시켜 줄 뿐만 아니라 상상력 및 창의력을 북돋아 줄 것이다. 우리도 초중등학교의 예술교육을 냉정하게 반성하는 새로운 교과목의 설치와 운영을 서둘러야 할 것이다.

앞으로 우리의 예술 교육은 건전한 시민, 창조적이고 생산적인 국민, 인류문화의 미래를 동참하는 세계인의 육성에기여 하기 위해 대학 과정의 연극 교사 양성과 함께 적극적으로 추진해야 할 것이다.

5. 어린이, 청소년 사랑을 실천하자.

"청소년들이여 큰 꿈을 가져라"

"청소년은 나라의 보배 푸른 태양 아래 마음껏 뛰어 놀아라"

그러기 위하여 아동문학가들은 음악인, 미술인, 연극인, 영화인, 출판인 등을 만나 대화하고 토론하여 우리 청소년들이 마음 놓고 올바르고 씩씩하게 자라도록 환경과 여건을 마련해 주기 바란다. 우리의 청소년들의 올바른 가치관과 인격을 갖고 국가 사회에 이바지하도록 하며 학교나 가정, 사회에서 자기의 소질과 재능을 충분히 발휘하며 떳떳한 한국인이 되게 하기 위하여 교육, 사회 개혁과 함께 청소년 사랑 운동에 앞장서 주실 것을 간절히 바란다.

끝으로 우리가 있는 여러 곳에서 시화전, 시낭송회, 연극 공연, 우량도서 발간, 청소년 영화, 청소년 생활체조 및 레크레이션 보급 등 청소년 문화 발전을 위한 모임을 만들어야 한다. 그리하여 청소년 사랑 운동을 펴나간다면 우리 청소년은 큰 꿈을 키우며 내일의 조국을 짊어지고 나갈 것이라 확신한다.

이 세상에서 가장 사랑하는 외손자, 캐나다 대학을 졸업한 준하의 어린시절 (18년 전)

일제의 만행 되새겨 애민회 함께 만듭시다

조선 제26대 왕인 고종은 44년간 재위하는 동안 청일전쟁과 러일전쟁을 겪었고, 병인양요와 신민양요, 동학혁명, 갑오경장 등 숱한 국난을 치렀다. 왕비마저 일인에 의해 시해당하였고, 국가마저 빼앗기는 수모를 겪었다. 붕어할 때도 일본인에게 독살당한 것 같다는 설이 있다.

1906년 을사조약을 전후하여 항일 의병운동은 1907년 군대 해산과 더불어 전국 각지에서 일어났으며, 일본군은 악랄하게 학살한 다음, 목을 장바닥에 교수하고, 시체를 가마솥에 끓여 그 골육을 보라고 강요하기도 하였다.

어떤 지방에서는 주민들을 반신만 땅에 묻어놓고, 마치 풀 베듯 목을 치기도 하고, 평산에서도 추운 겨울에 남녀 수십 명을 잡아다가 얼음을 깨고 개울 속에서 얼어 죽게 했다.

우리 애국선열들이 36년 동안 일제와 맞서며, 싸운 곳은 중국, 러시아, 유럽, 미국 등 여러 나라다. 한국독립군이 중국의 중군과 연합하여 싸우기도 하고, 한인 빨치산들이 일군과 싸우다가 희생도 많이 하였다.

한인부대가 최후 승리한 하바로프스키, 최익현이 순국한 대마도,

이봉창 의사가 폭탄을 던진 도쿄, 독립운동의 중심이 되었던 상해임시정부, 안중근의 하얼빈역 이등박문 살해 등 독립을 위해 3·1운동 만세 사건이 일어났고, 한민족 한겨레의 독립을 외침으로 희생당한 백성은 얼마나 많은가? 원자폭탄 두 방에 일본은 무조건 항복하였으나, 우리나라는 남북으로 분단되어, 6·25동족간의 전쟁으로 수백만 명이 희생, 초토화되었다.

2차 대전을 일으킨 주범 일본은 6·25전쟁에 군수물자 등을 보급하면서 국력에 큰 이익을 얻고, 조선만 또 한 번 원통하고 분한 꼴을 당하였다. 유엔의 도움으로 살아난 것만 해도 다행이었다.

세계에서 최빈국인 한국은 어떻게 경제 세계 10대 강국이 되었을까? 근면하고 열심히 일하고, 지혜로웠고 뛰어난 민족이었기에, 또 배우기 쉽고 쓰기 쉬운 한글이 컴퓨터나 아이티 활용하기에 가장 우수하였기에 한국은 승승장구 마침내 경제대국이 된 것이다.

그러나 현실은 나 혼자만 잘 살려고, 또 집단이기주의에 권력과 금력으로 사리사욕에 빠진 고위관료, 재벌들, 노조 등이 투쟁만 하고 있으니 안타깝다. 사립유치원, 사립학교, 어린이집, 요양원 등 옛날과 별 차이 없는 국회의원 당파 싸움, 진보 보수의 대립, 불법 불의가 기승을 부리는 나라가 되었다.

매국노 친일파들은 일제가 준 국토를 활용, 떼부자가 되고 자녀들을 유학시켜 한국의 고위층 재벌이 되었다. 독립투사들의 자녀들은 돈 없고 배운 것 없이서 겨우 살아가고 있다. 생존경쟁이 치열한 사회에서 소외당하건만 복지도 시늉만 할 뿐이다.

'새로 시작하자. 새 출발하자.' 교육의 힘으로 깨어있는 지성인들, 언론인, 교육자, 작가들이 소금과 빛이 되어야 한다. 희생정신 세종대왕, 충무공, 독립투사 열사들의 애민, 애국정신을 본받아 함께 손을 잡고 제2의 새마을 운동을 해야 한다.

우리의 이웃인 일본엔 재일교포와 친북한 교포 70여만 명이 살고 있으니 우호관계를 유지해야 한다. 위안부 문제는 정부에서 보상하고 따뜻하게 보살펴 줘야 하고, 일본 탓하고 갈등 계속하는 건 한류에 장애가 된다. 가깝고도 먼 나라 일본은 우리의 영원한 경쟁자이며 강대국 중국과 함께 착한 우방이 되도록 외교와 문화교류에 힘써야 한다.

"지금 개혁하지 않으면 망한다."고 경고한 200년 전의 다산 정약용 선생의 말씀을 잊지 말고 애민정신을 실천해야 한다.

겨레를 사랑하고 애민회에 뜻을 같이 한다면 연락바랍니다.

대전의 서포와 박팽년 비석

세종대왕이 왕위에 오르지 못했다면 한글도 해시계도 농사직설 등 큰 업적도 없었을 것이다. 조선왕조에서 가장 위대한 임금은 세종과 정조인데 세종은 백성을 편안하게 하는 것이 정치의 궁극적인 목표로 책을 많이 읽었는데 어떤 책은 100번 또는 1100번을 읽었고 정조도 같은 글을 100번 읽기도 했다 한다.

책에는 모든 지혜가 쓰여 있기 때문에 좋은 책을 우리도 읽어야 한다. 그러나 조선조의 최고의 학자 다산의 목민심서나 추무공의 난중일기, 이조실록 등이 모두 한문으로 쓴 것을 보면 한글은 홀대 받았음을 알 수 있다.

대전에서 태어난 서포 김만중은 일찍이 과거에 급제해 조정에 나갔으나 서인의 적자하고 예송노쟁에 휘말려 삭탈관직을 당하기도 하고, 경남 남해 등으로 유배되는 등 숱한 우여곡절을 겪었다. 유배생활 중 어머니를 위해 지은 구운몽이나 첩의 음모로 정실부인이 쫓겨나는 내용을 담은 사씨남정기는 우리 문학의 대표작이며 한글로 쓴 문학인 진정한 우리 문학이다. 홍길동전을 지은 허균과 더불어 그는 한글소설이 선구자인데, 그의 발자취를 대전에서는 찾을 수 없으니 묘도 없고, 선대와 부친의 묘소가 전민동에 있을 뿐이다.

문학관도 없고 문학비만 있는 이곳을 구운몽 문화 관광벨트 거점 도시를 대전에 창출하자는 제안이 나왔다. 2015년 대전광역시 정기현 시의원, 설성경 연세대 명예교수 등이 정책토론회를 열었고, 김정수 서포 김만중 선생 기념사업회장이 중심이 되어 추진하였으나 유명무실하게 되어 안타깝다.

대전은 시장이나 시의원, 국회의장, 부위장 등 저명인사는 많으나 문한예술엔 관심이 적고 사랑도 아주 적은 편이다. 아주 작은 도시 군산의 채만식 문학관을 비롯하여 남해 유배지에 있는 김만중 문학관과 김만중 문학상을 성대하게 하는 걸 대전의 150만 명의 시민은 부끄럽다.

광주보다 인구가 더 많은 대전은 광주보다 문화시설이 10/1도 안 되는 것 같다. 대전문학관도 최우수 문학관으로 선정된 것은 운영을 잘 한 탓이나, 대전의 변두리에 있고 교통도 불편하며 규모가 작아서 제대로 행사도 못하고 있다. 예술가의 집, 대강당도 사용료가 비싸서 대전문협이나 대전문총의 1년에 한번 하는 정기 모임도 기독교 봉사회관을 임대하여 사용하니 한심한 일이다. 이제 시민이 나서서 당국자가 모르는 것은 가르쳐 주고 알고도 안하는 것은 정책 건의하여 시행해야 한다.

우리에게 사육신의 한사람인 박팽년도 동구 가양동엔 송시열이 짓고 송훈길이 쓴 유허비가 있을 뿐이다. 박팽년은 1417년 대전에서 태어난 후 1434년 과거에 급제, 18년간 집현전에서 성삼문, 신숙주와 같이 학문을 연구, 훈민정음을 창제에 혁혁한 공을 세웠다. 39세의 나이로 절의를 지키고자 단종 복위를 도모했다가 옥중에서 눈을 감았다. 그의 태어난 생가는 잡초만 무성하고 을씨년스럽기만 한데 비석 하나만 외로이 서 있을 뿐이니 한심하다.

전남 강진의 다산 유배지나 생가인 남양주의 대대적인 생가 복원, 목민의 개혁사상 교육 시설과 홍보, 관광지화하여 다산의 애민과 경세사상을 개척하는 모습을 보면 대전의 당국자들은 보고 배워야 할 것이 아주 많다.

단재 신채호 선생 홍보관

단재는 1880년 대전 중구 어남동에 태어났다. 1936년 중국 여순 감옥에서 옥사하기까지 우리 근대사가 낳은 가장 뛰어난 인물로 사상가이자 언론인, 역사가이며 독립운동가이다. 선생은 우여곡절이 많은 우리 시대의 최고의 인물로 부각되고 있건만 단재의 할아버지 신성우의 고향인 충북 청원군에 단재기념관이 있을 뿐 대전의 생가는 복원했다고 하지만 초라하고 협소하여 교통도 아주 불편하다.

신채호 선생은 구한 말 국사, 문학, 언론, 교육 및 구국계몽에 앞장서고 일제강점기에는 중국, 만주 등지에서 국권회복 운동을 전개하던 반제, 반 식민 항일운동의 대표적 지성이다. 우리는 단재 사상을 재조명 높이 평가해야 하건만 단재는 고향에서도 푸대접 받고 있다.

2005년 충청교육신문 창간 2주년 기념사업으로 단재 신채호 사상실천운동본부를 대전시민회관에서 창립하고, 제1회 학생 사이버 논을 및 문예작품 공모도 하였다. 단재사상실천운동본부는 정헌주 연무고등학교장을 이사장으로 김기복 부이사장, 공동대표로 변상호, 이건호, 최병희가 받았고 자문위원으로 회근묵, 송백헌, 사제종, 조성남, 한상수 박사 등을 후대하였다.

우리 민족의 지도자, 단재의 애국애족 정신을 본받아 애민 애국 운동을 펼치기로 한 바 있다. 단재 선생 탄생 135주년에는 중구 어남동 생가 터에서 기념식을 갖고 독립운동 일대기 콘텐츠 다양 출생·유년 생활동, 태마별 전시를 하고 헌화식 및 호보관 개관식을 반 바 있다.

‘우리의 고장에서 출생한 단재 선생의 민족의식을 고취하고 민족을 위해 평생을 애쓰신 역사적 인물들을 재조명해야 할 것’이라고 백순희 정무부시장은 말했다. 그러나 더 확장시키고 투자하여 역사관으로 활용하기엔 너무 부족함이 많다.

2018년 세계환경문학상, 충청문학상, 시조신인상, 자랑스러운 한국시민대상을 받다

교육문화 운동의 방향

조국 해방 50돌을 맞이하여 참된 광복은 통일 문화 국가를 세우는 것임을 믿고 어릴때부터 생활 속에 문화를 심고 가꾸어 인류의 꿈과 이상을 실현하는 일류문화시민 실천 운동을 펼칠 것을 다짐한다.

1. 우리는 반만년의 역사를 지켜온 슬기로운 문화 민족의 긍지와 자부심을 갖고 '동방의 예의 바른 나라'라는 칭송을 다시 듣도록 말씨, 행동, 마음가짐을 바르게 하여 인간, 자연, 나라 사랑을 실천하고 예절, 효행, 질서, 성실, 자루, 청결, 절약, 협동이 생활화 습관화 되도록 모범을 보이고 건전한 생활 문화로 뿌리 내리게 한다.

2. 우리는 물질보다 인격을 더 소중히 알고 내 자녀와 똑같이 모든 아이들을 돌보고 사랑하며 특히 장애아, 병든 아이, 빈곤한 아이, 비행, 탈선, 가출, 범죄하는 아이들을 같이 보호하고 선도한다.

3. 우리는 경제성장보다 삶의 질을 높이는 일류문화의식을 더 소중히 알고 안전하고 신뢰받는 기업문화, 쾌적한 환경, 생명의 존엄성, 자연보전 등 더불어 행복하게 사는 문화정신을 누구나 갖도록 힘쓴다.

4. 우리는 21세기 정보화, 세계화, 무한 경쟁 시대를 맞이하여 개인의 다양한 창의성과 능력을 발휘하게 교육하고 소질, 재능, 기능 기술

등 전문성을 높이고, 교육, 취업, 인사 등에 학력, 성, 학연, 지연 등에 차별하는 것은 반문화행위 이기에 시급히 시정하여야 한다.

5. 우리는 출생부터 평생토록 좋은 문화 환경에서 건전한 문화생활을 즐기며 배워서 성장하도록 스스로 힘쓰고, 기업, 지방자치 단체장, 국가에서는 문화교육 우선 정책을 펴야 일류문화선진국이 됨을 인식하고 올바른 품성과 기본 생활 태도를 내면화시켜 사람다운 사람이 되도록 교육, 문화예술, 사회교육정책을 과감히 쇄신하여야 한다.

6. 우리는 세계 제일의 학부모 교육열이 유치원부터 고3까지 일류대학입학 시키는 것을 목표로 과열과외, 서너곳의 학원과외, 수없이 쏟아지는 시험준비물에 17조 4천억원 보다 훨씬 더 많은 사교육비를 투자하면서도 전전긍긍하는 학부모와 시달리고 들볶이며 놀시간도 없이 밤새워, 점심시간도 아끼며 시험준비하다 좌절하고 낙담하여 병들고 정신병원에가고 가출하고 자살까지하는 아이들은 계속 늘고 있다. 근본 대책으로 국가가 검증하여 능력껏 입학정원을 늘리고 모든 대학이 야간대학, 계절대학, 평생대학원을 개설하여 재수, 3수생을 줄이고 대학에 입학하면 공부하지 않고서는 안되게 하는 제도 개선이나 교육개혁은 다시 공청회, 토론회 등을 열어야 한다.

날로 더해가는 입시준비교육을 혁명적으로 개선하여 세계제일 교육열이 일부 장사꾼 학원이나 출판사에 낭비되지 않고 인성, 창의성을 살리는 교육으로 학부모나 교사 학생들의 고통을 덜어주고 희망과 용기를 주는 교육개혁이 되어야 한다. 특히 실업고, 전문대에 획기적인 지원을 하고 누구나 능력과 재질이 있고 창의성, 창래성있는 사람이 우대받는 기업 풍토, 사회분위기가 되도록 정부는 솔선수범하고 장려하는 정책을 과감히 펼쳐 나가야 한다.

조국과 민족을 위하여 교육과 사회개혁이 절실하며 문화 과학 체육 시설을 대폭 증설하고 생활화해야 한다.

한국교육가족연합회, 세종 600주년 기념사업회, 대전 100주년 기념사업회를 창립하다.

한국교육가족연합회의 탄생

교육은 백년지대계(百年之大計)입니다. 오랜 세월동안 교육을 태움으로써 다른 사람과 세상을 밝게 비춰주는 양초와 같은 역할을 하는 것이지요. 그리스의 철학자 '아리스토텔레스'는 이렇게 말했습니다.

"교육은 풍요할 때의 장식이요, 역경 때의 피난처다!"

교육의 목적은 인격의 형성에 있지요. 교육은 기계적인 사람을 만들지 않고 인간적인 사람을 만드는 데 있습니다. 교육이라는 큰 틀 속에 예능과 체육, 과학이 있어 참 아름다운 세상, 살만한 사회를 가꾸어 가는 데 교육이 나침판 역할하기에 우리는 여기에 관심을 갖는 것입니다.

그러나 근래 우리나라 교육은 이념에 휩싸이거나 바람직하지 않은 방향으로 가고 있어 우려를 자아내게 하고 있습니다. 따라서 언제부터인가 뜻있는 몇몇이 모여 진정한 교육을 위하여 우리가 무엇인가 바람직한 교육상을 선도하자며 만든 것이 바로 '한국교육가족연합회' 입니다. 교육 없는 세상 없고, 학부모 없는 인생은 없는 것처럼 우리 모두는 한국교육가족입니다.

한국교육가족연합회는 국토의 중심부 대전에 본부를 두고 한국문화해외교류협회와 같이 국내와 해외협의회와 긴밀히 협의하며 종종 만나 정보를 나누는 친목형태로 운영할 예정이니 여러분의 많은 지도 편달과 협조, 그리고 참여를 바랍니다.

교육가족은 유년부터 어르신까지 평생교육원, 시민대학, 다산학당, 도서관, 홍사단, 더한힘연구원 등에서 학습하고, 스승과 동문, 친구를 만나 교류하며 교육의 힘으로 사회정의를 구현합시다.

예술과 체육·과학을 생활하며 무병장수 즐겁게 삽시다.

애민회를 만들어 함께 겨레사랑, 좋은 사회, 좋은 나라를 함께 만들기를 소망합니다.

경로당을 효행학교로

우리나라 노인인구는 700여만 명, 세계 최장수 국가로 초고령 시대가 온다.

마을마다 경로당이 있고 대전은 804개의 경로당에 3만5천여 명이 나온다. 이 분들에게 언제나 누구든지 배움의 기쁨을 누리게 하고 경로당을 효행학교로 설립하면 좋겠다.

대전시도 이미 순회 강사 10명을 선발했고, 대전평생교육진흥원과 대덕평생학습원은 배달 강좌제를 최초로 도입 어디서든 배울 수 있게 하였다.

사회를 바꾸는 것은 사람이고 사람을 바꾸는 것은 교육이기에 경로당을 효 실천의 장으로 유능한 전문 강사를 파견하여 다양한 교육을 하면 세상이 확 달라질 것이다.

가) 효행학교는 경로당학교에 나오는 노인들의 가장 심각한 걱정거리를 상담하고 해결하는 것이 첫 번째 과제다. 빈곤, 고독, 무력감, 학대와 치매, 뇌졸중, 우울증 등 난치병 치유와 예방에 강사와 관계단체가 협동한다.

나) 공동 생신 상차리기, 합동 혼례, 제례, 상례, 홍인성사, 결혼 상

담 등 통 관례 사업을 한다.

다) 건강한 먹거리를 생산자와 소비자간에 직거래하고 소외 계층의 학습, 복지에 더 투자한다.

라) 상담, 대화, 토론, 강의, 영상교육으로 좋은 부모, 자녀 되기 운동을 한다.

가) 대전평생교육진흥원에는 미래의 한국 사회를 준비하는 해피실버지도자 자격증반이 있고 재능기부 봉사활동하는 유능한 강사, 교수들이 많다. 이 사회에서 또는 전국 각처에서 신망 있는 교수, 강사, 스승들이 많이 와서 무료 강의를 하고 대성황을 이루고 있다.

나) 대전에는 2004년부터 전국에서 가장 우수한 시책인 소외계층을 위한 복지만두레가 79개동에 있고, 지금도 계속 지원하고 있으며 대전복지재단 등 여러 기관단체에서 봉사 공헌하는 분을 스승으로 영입할 수 있다.

대전은 효문화 뿌리 축제가 열리고, 효의 메카로서 전국화 세계화를 지향하고 있다. 대전의 경로당을 효 실천학교로 잘 운영하면 전국의 효 실천학교인 경로당은 산교육장이 되고 어른이 효행하면 가정과 세상이 변화한다.

세계 제1위의 장수국가, 자살율, 교통사고율, 1,2위, 행복지수는 최하위, 동바예의지국은 온데간데없는 한국은 어르신들이 감동감화를 교육을 통하여 받고 실천하면 가정, 사회, 사회, 세상은 달라진다. 교육개혁, 의식개혁이 되면 행복한 나라가 된다.

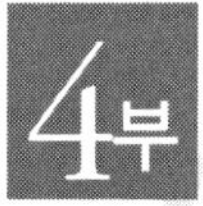

4부

캐나다 통신

가수 이진관, 문학사랑협의회 방문

"캐나다-대전시 활발한 교육 교류 기대"

—변선미 딸의 활동

대전 교육계와 교류를 추진하기 위해 내전(來田)한 캐나다 교육당국관계자들이 대전일보를 방문했다.

블루워터 교육청 매리앤 앨튼 교육감을 비롯한 제니퍼 엔센 교육위원회 의장, 변선미 국제교육부장, 프란시스코 한 웨스트 그레이시 경제개발 담당관 일행은 5일 대전일보를 찾아 남재두 회장, 신수용 사장 등과 면담을 가졌다.

토론토 북서쪽의 브루스와 그레이 지역을 통합 관할하고 있는 블루워터 교육청은 대전지역 학생과 교사를 대상으로 한 연수·교환 프로그램 및 기타 영어교육 관련 교류를 준비하고 있다. 이들은 이를 위해 지난 2일부터 열흘간의 일정으로 한국을 방문했다.

앨튼 교육감은 "대전시교육청과 성공적으로 교류에 합의했고 대전에 대한 첫인상이 너무 좋다"며 "교류 계획도 설명하고 추가 조언도 얻고자 지역 여론의 대표라고 할 수 있는 대전일보를 방문했다"고 방문취지를 설명했다.

면담에서는 교사 및 학생교류 증진방안, 양국의 교육체계 및 언론발전방안 등에 대한 의견을 교환했다. 그는 이어 "블루워터 교육청지역이 규모면에서는 다른 교육청들 보다 작지만 한국의 교사나 학생들이 방문할 경우, 영어능력향상을 물론 캐나다 자연의 아름다움을 이해하는 데 최적의 지역이 될 것"이라면서 활발한 양국 교육교류에 대한 기대감을 나타냈다.

신수용 사장은 "대전지역 영어교육 활성화에 도움이 될 것으로 기대된다."며 "지역사회가 보다 발전해 나갈 수 있도록 하는 것이 언론의 본래 역할이니 도움이 될 수 있는 부분이 있다면 적극 협조하겠다."고 말했다.

이에 앨튼 교육감은 "한국의 세계화와 지역 발전을 위해서는 언론의 역할이 가장 중요한 것 같다."며 "짧은 방문이었지만 한국과 대전지역 관계자와 언론 등이 바른 시각과 따뜻한 품성을 지니고 있는 것 같아 반갑다."고 말했다.

중학교 영어 교사를 하다가 캐나다로 이민가서 변호사가 된 딸 변선미와 외손자 준하의 수년 전 사진

외손자, 딸, 사위와 캐나다 통신

감사합니다.
금년 여름은 무척 덥고 이제 많은 비가 온다고 들었습니다.
장인어른, 장모님, 항상 건강하고 행복하시길 기원드립니다.
준하는 이제 경찰시험 준비를 하고 있습니다.
모든 일들이 때가 있듯이 준하도 취업하는데 최선을 다하고 있고
저도 모든 지원을 하고 있습니다.
좋은 결과가 있으리라 확신합니다.
추석 명절이 다가와서 장모님 필요한 약 보내드렸고
두 분이 사용하실 용돈도 곧 보내드리겠습니다.
건강하시고 행복한 일상 되십시오.
한서방 올림

한서방에게

무더운 여름이 지나니 서늘한 가을, 반가운 것은
찌는 듯한 여름 덕이 아닐까?
다시 한번 준하를 한국에 보낸 영단은 고마워.
취직은 빠를수록 좋으나 여유를 갖고 할 줄 믿어.
추석이 가까워오니 고향도 생각나겠지.
요 며칠 사이에 친한 친구들이 떠나는 거야.
건강관리가 최고이고 재테크임을 명심.

틈나는 대로 운동하고 노래 듣고 부르고 재미있게 살기 바래.
2018.9.3 대전 장인 씀

한서방에게

그동안 준하를 위하여 최선을 다하니 참으로 고맙네.
한 달간이라도 한국에 와서 경험하게 하는 것도
아주 잘한 생각이야.
뒤에서 돌보는 부모들 덕에 준하는 잘 될 줄 믿네.
되도록 준하의 뜻대로 대전에서 보낼 거고
용돈 보내주니 참으로 고맙네.
자유롭고 행복하게 잘 보내는 것은
카나다 세 가족이 잘하는 때문이야,
틈나는 대로 꾸준히 운동하여 120세 목표로 가겠네.
안녕 2018.6.28. 장인 씀

오랜만에 인사드립니다.
그동안 준하 졸업식 취업준비 등 바쁜 시간이었습니다.
준하는 14일에 졸업을 하였고 이제 취업준비를 하고 있습니다.
경찰 간부 시험에 응시하려고 하는데
먼저 체력 테스트를 하기 때문에
체육관에서 개인지도를 받고 있습니다.
졸업까지도 쉽지 않았지만

취업까지는 지원을 해야 되기 때문에 최선을 다하고 있습니다.
그래서 한국 방문도 한 달로 일정을 조정하여
7월 20일 한국 도착하여
한 달 후 8월 19일에 캐나다로 돌아오도록 하였습니다.
준하가 취업을 하고 독립할 때까지는
제가 책임을 지고 지원하려고 합니다.
그리고 오늘 50만원을 송금하였습니다.
장인어른과 장모님 여름휴가도 가시고
즐거운 시간 되십시오.
한서방 올림

딸에게

그동안 무더운 날씨에 건강하고 재미있게 지내는지?
준하는 한국에 언제 오는지 궁금하구나.
여기저기 여행도 하고 이것저것 체험도 하는 것은
인생에 좋은 경험이 될 거야.
어머니도 많이 좋아졌고 나도 건강하고 재미있게 지낸다.
꾸준하게 틈나는 대로 운동하고 감사하며 즐겁게 살기 바란다.
안녕.
아버지 씀

한서방과 딸에게

고맙게 받았다.
가끔 보내주면 큰 도움이 되겠다.
누구에게든 아쉬운 소리 안하고 살았으나
어려움이 있을 때는 믿을 만한 사람에게
아쉬운 소리도 해야 된다고 생각한다,.
내가 힘 좀 필 때까지 도와주기 바란다.
나는 신중히 생각하고 배우며 모두에게 도움 되도록
최선을 다하고 있으니 걱정은 안 해도 된다.
2018.5.8. 어버이날에, 아버지 / 장인 씀

한서방, 딸에게

5월은 가정의 달 어버이날 스승의 날
나는 성공한 어버이로 행복하네.
나를 뒷바라지해준 아내, 엄마가 너무 고생하여 구루마를 밀고
100원짜리 식당으로 운동 삼아 가고 오는 것을 보면
행복한 것은 변호사가 된 딸도 고맙지만
밀어준 사위가 너무너무 고맙다.
나도 그래. 나를 키워준 가정과 나라 위해 좋은 일도 하고 싶어.
이민 가서 자리 잡으라고 엄마가 3천, 내가 2천 보낸 것
성공과 안정을 바래서였지.
내가 조금 어려운 형편이니 통 크게 후원 좀 했음 좋겠다.

부담 안 가게 매월 보내주든지 몇 차례 주든지 생각해서 주렴.
남은 여생 20여 년 나도 뭔가 좋은 일 꿈을 이룰 거야.
2018.5.4 장인 그리고 아빠 씀

한서방, 선미에게

그동안 건강하고 하는 일들이 잘되고 있겠지?
산전수전 다 겪은 줄 알았는데 아직도 어려움은 피할 수 없구나.
아들이 완전한 취업을 해서 좋아했는데
일거리가 오래도록 없어서 허송세월하니 걱정이다.
무주 셋째가 큰 병에 걸려 장기 입원
말도 못하니 걱정이 태산이다.
그래서 인생은 고해라고 했나 보다.
엄마는 건강이 아주 좋고 나는 상복이 터져서
대전시장상, 세계환경문학상, 시조신인상,
자랑스런 문화예술상 등을 받았다.
가능하면 후원금을 매월 얼마씩 보내주면 고맙겠다.
나는 꾸준히 배우고 새 힘을 얻고 있다.
장인, 아빠가

장인어른,
여러 가지로 감사합니다.
준하는 아직 확정된 것이 아니어서

결정되는 대로 연락 드리겠습니다.
저나 선미가 바라는 것은 두 분 오래오래 건강하고
하루하루 즐거움게 사시는 것입니다.
자주연락 드리겠습니다.
한서방 올림

한서방, 따뜻한 봄이 오니 새로운 희망이 샘솟고
이국땅에서 행복하게 사는 가족들이 그립군.
한국에 왔을 때 사진 한 장 찍지 못한 것이 안타까워
컴퓨터 잘 배워서 자주 소식 전하겠어.
준하가 한국 오면 무엇 무엇이 하고 싶은지
알려주기 바라네. 안녕.

장인어른, 감사합니다
특히 장모님이 이해하셨다니 기쁩니다.
준하 한국 가는 일정이 결정되면 연락 드리겠습니다.
두 분도 건강하시고 재미나게 사십시오.
한서방 올림

한서방, 선미에게

나와 똑같은 아주 현명하고 바람직한 생각이다.

정말로 고맙고 감사하다.
젊었을 때는 사서 무전여행도 하고
고난과 역경을 견디는 체험을 해야 한다.
준하의 한국 오는 걸 장모도 이해하고 고맙다고 했다.
건강이 최고의 재산이니
틈나는 대로 운동하고 재미있는 마음으로 웃으며 살기 바란다.
안녕

조금 전 선미가 어머님과 전화할 때 같이 있었습니다. 조금 설명이 필요할 것 같아서 메일 드립니다.

준하는 토론토대학을 곧 졸업합니다. 토론토 대학은 한국의 서울대보다도 국제적으로 더 유명한 대학입니다. 4년 만에 대학 졸업이 쉽지 않은데 문제없이 졸업을 하게 되었습니다.

그런데 준하는 사회경험이 없고 한국어도 아직 부족하고 하여 한국에서 6개월간 애들을 가르치며 경험을 쌓는 것이 미래를 위해 좋은 투자라고 생각하여 한국을 보내려고 하는 것입니다. 준하는 경찰이 되고 싶어 하는데 영어와 한국어를 잘하면 더 좋은 기회를 가질 수 있습니다.

이제 준하 나이 22살인데 한국처럼 군대를 가는 것도 아니고 시간의 여유가 있어서 좀 더 좋은 경험을 할 수 있는 기회를 만들어 주려고 합니다.

이곳에서 토론토 대학을 나오면 직장 잡는 것은 아무 어려움이 없습니다. 그래서 준하를 한국에 보내려고 합니다. 또 준하 입장에서 친아버지와 만나서 좋은 시간을 갖는 것도 중요할 것 같고…

장인어른께서 장모님에게 위 내용을 잘 설명해 주십시오. 모든 것이 준하의 미래를 위한 결정이라는 것을…

두 분이 준하를 사랑하시는 마음 감사합니다. 기대에 어긋나지 않도록 잘 키우겠습니다.

한서방 올림

선미에게

어머니가 전화하고 싶다니 전화하기 바란다.

준하의 졸업하기까지 한서방과 함께 애썼다

안녕

준하가 아직 한글로 메일을 보낼 실력이 되지 않아서

준하에게 할아버지 말씀을 전했습니다.

준하가 한글도 배우고 경험도 쌓을 겸 7월에 한국에 보내서

6개월간 한국 초등학교에서

영어를 지도하는 프로그램에 신청하려고 합니다.

교육청에서 월급도 주고 숙소도 지원하는데

시골 초등학교에서 영어를 지도하는 프로그램입니다.

확정되면 연락 드리겠습니다.

장인어른 장모님, 항상 웃음 가득한 생활 되십시오.

한서방 올림

준하에게

반갑고 기쁜 소식을 아빠한테 듣고 참으로 기쁘고 좋았다.
할아버지는 이 세상에서 준하를 제일 좋아하고 사랑한다.
어릴 때 너하고 찍은 사진을 내 방 벽에 빽빽하게 붙여놓고
날마다 보면서 웃는다.
어느덧 많은 세월이 흘렀으나 늘 생각한단다.
부디 최선을 다하여 웃으며 살기 바란다.
대전 할아버지 보냄

장인어른, 하루가 짧네요

저도 부지런한 편인데
장인어른에 비하면 한참 부족한 것 같습니다.
저는 하루 1시간 운동은 거르지 않고
외국어 공부(일어 중국어 스페인어)는 매일 2시간씩 합니다.
요즘은 요리에 관심이 많아서 인터넷으로 열심히 배우고
저녁에 선미와 준하에게 만들어주고 있습니다,
건강한 음식을 만들어주니 맛은 그렇게 좋지 않아도
가족 건강에는 좋을 것 같아서요.
오래오래 장인어른 장모님과 함께 하고 싶습니다.
감사합니다.
한서방 올림

내가 행복한 이유

새벽 3시 기상, 신문 4개 보며 스크랩하고 6시에 문창 다리 아래서 생활체조, 10시에 컴퓨터 배우기, 2시 시민대학에 가서 인문학, 시창작, 저녁엔 하상도로 걷기 생활체육시설 운동하기 등 노래와 운동을 생활화한단다. 누구보다 바쁘게 사니 행복하다. 지금은 책사랑 독서 운동을 하며 열심히 살고 늘 웃으며 산다.

네, 장인어른 말씀대로 선미, 준하도 같이
온가족이 건강 잘 챙기고 행복하게 살겠습니다.
장모님이 건강하시고 활력 있게 보내신다니
무엇보다 반가운 소식입니다.
자주 연락 드리겠습니다, 감사합니다,
한서방 올림

한서방 생각이 건전하고
행복의 근원을 잘 아는 것 같아 든든하고 고마워.
인간은 기분에 살고 기분이 큰일 낸다고
장모가 건강이 아주 좋아진 것은 선미 때문이고
한서방의 현명한 격려 때문이기에 기적이 이루어진 것이지.
정말 인간으로서 아주 현명한 선택이었어.
외국에서 변호사 되기는 하늘의 별따기지.
이렇게 좋은 세상 오래오래 무병장수하는 길은

예체능의 생활화와 너그럽고 여유 있는,
언제나 감사하는 마음 그리고 식사와 습관 등
이미 알겠지만 꾸준히 실천하자구.
선미와 준하에게도 함께하기 바란다.

장인 어른 말씀대로 운동 열심히 하고 건강관리 잘 하겠습니다.
다행히 운동을 좋아하여 매일 거르지 않고 운동을 하고 있습니다.
장모님과 오래오래 행복한 일상 되십시오.
감사합니다.
한서방 올림

한서방, 고맙고 반가워.
머나먼 이국땅에서 자리잡기까지 얼마나 힘이 들었어.
성실과 끈기, 지혜로운 결단으로 어려움을 극복하고
안정과 평화를 찾았으니 참으로 고맙고 다행이네.
인간은 하고 싶은 꿈도 많으나 쉼없이 배우고 실천하여
가족 친척, 친구, 이웃, 겨레와 인류를 위하여 좋은 일을 하자구요.
건강 제일, 꾸준한 실천하기 바라네.

장인어른 그리고 장모님!
그간 건강하시고 잘 지내시지요.
지난번 한국에서 두 분이 건강하시고

장인어른의 활기찬 일상에 기쁜 마음으로 캐나다에 돌아왔습니다.

저희는 항상 열심히 그리고 즐겁게 살고 있습니다.

이제 준하도 곧 대학을 졸업하니 좋은 직장 그리고 좋은 배필 만나서 행복한 인생을 살아가도록 힘닿는 대로 지원하고 격려해주려고 합니다. 저에 대해 너무 과찬의 말씀을 주시니 감사하고, 더욱더 열심히 노력하여 행복하게 살겠습니다.

필요하신 것 있으시면 언제든지 연락주시고

두 분 건강하시고 평안 가득하시길 간절히 기도 드립니다.

캐나다에서 한서방 올림

소중한 외손자 준하를 안고 있는 아내 최상예의 20년 전 모습

5부

변상호 평전 / 편지

우리 가정은 행복의 산실이다. 희로애락이 집에서 이루어진다. 아내 최상예, 아들 변규환, 딸 변선미와 함께.

희곡분야의 희소성을 보여주다

대전문인협회 사무국장, 시인 송은애

1972년 그 당시 문화공보부에서 주최한 공모에서 희곡분야에 작품이 당선되어 희곡작가로 활동하게 된 변상호 작가는 지속적인 활동을 희곡분야를 고수하고 있다. 현재 대전문인협회 희곡 분야에 단 4명의 회원 중 한 명인 선생은 지난해에는 대전문학상 심사위원장 및 제13대 대전문인협회 임원선거관리위원장을 맡아 노익장을 과시했다.

희곡 분야는 연극, 시나리오나 아동극 등을 주로 써 내려가지만 변상호 선생은 늘푸른예술단을 결성하여 문화예술의 넓은 장르를 소화하며 남다른 예술성을 선보이며 발전을 거듭했다. 특히 숨어 있는 예술인들을 무대 위로 끌어내기를 원한다.

작가가 희곡을 쓰기엔 모든 여건이 미흡한 그 당시 변상호 선생은 학생문예사생대회를 개최하는데 많은 노력을 기울이며 중심축에 서 있었다. 지난 23년 동안 무려 6000여 명의 학생과 교사들을 발굴하여 시상하는 한편 아동극을 창설하여 73년부터 보급에 나섰다.

변상호 선생을 필자가 만난 곳은 지금으로부터 14년 전 광주 문예교류대회에서였다. 필자가 대전에 거주하면서 미처 대전문단에서 활동하지 못하고 있는 시점에서 한국문인협회 소속으로 당 대회에 참여했는데 주최 측에서 필자의 주소가 대전으로 되어 있으니 당연 대전

소속의 작가들과 함께 방을 배정해서였다.

그때 대전 대표로 참석한 작가들 중 한 명이었는데 유난히 긴 바바리 차림과 베레모가 인상적인 변상호 선생은 흥이 많아 그때 참석한 문화예술인들에게도 강한 인상을 주었었다. 그 후 필자가 대전문단에 입회하여 활동하는 동안 변상호 선생을 자주 뵙자는 못하였다. 알고 보니 건강상의 문제로 5년여 동안 두문불출하고 우울증에도 잠시 빠져 고단한 시간을 보냈다고 한다. 선천적으로 흥도 많고 긍정적이었던 변상호 선생은 그를 극복하기 위해 지금도 한 손에는 MP3를 놓지 않는다. 흥겨운 노래와 율동으로 하루를 보낸다는 변상호 선생. 그의 인생 후반기는 즐겁다. 문화 예술인들과 함께 24시간 즐겁고 후회 없는 삶을 영위하려면 먼저 자신이 변해야 하고 그 변함을 스스로 인정하고 즐겨야 한다고 한다.

백세시대에 도래한 지금 모든 사람은 특히 문화예술을 접하고 있는 사람들은 누군가에게 자신의 행복한 삶을 전달할 의무가 있다고 한다. 늘 노래와 함께 율동하고 희극적인 부분을 잘 아우르면서 주변을 함께 즐겁게 하는 문화예술 전도사가 되어야 한다. 그 동안 청소년과 문화예술인들의 고요하고 침체되어 있는 분위기를 늘 긍정적이며 미래지향적인 분위기로 바꾸려고 노력하고 있는 선생은 노익장을 발휘하며 1980년대를 풍미한 희곡작가로서의 마지막 빛을 활활 태우고 있다.

먼저 대전문인협회와 함께 '늘푸른예술단'을 운영, '찾아가는 문화예술인! 솔선수범하는 문화예술인!' 어렵고 외로운 분들을 찾아가는 문화 활동으로 문화융성을 전국적으로 확대하자는 대통령의 정책을 조금이라도 이해해줄 것을 원한다. 문화를 생활화하는 '꿈을 꾸는 변상호 선생'

베이지색 긴 바바리와 체크무늬 베레모를 즐기는 희곡 작가 변상호 선생은 오늘도 MP3에서 흘러나오는 음악과 그 홍을 율동으로 생활화하며 삶의 희곡적인 부분을 살려가는 시간, 시간이 소중한 지금 그의 진정성이 모두에게 전파되기를 빌어본다.

변상호 수필집 〈행복의 여백〉

독자와의 만남, 성황리에 마쳐

따스한 봄기운이 시나브로 감돌고 종달새가 우짖는 만물이 약동을 알리는 3월 7일 오후 대전시민대학 1층 컨버런스 홀에는 대전지역 문학인, 가족, 친지들 200여 명이 모여 변상호 수필가, 시조시인의 수필집 『행복의 여백』 발간을 축하하였다.

대전 중구 석교동에서 거주하는 변상호 극작가가 수장집 '행복한 여백'을 출간하고 그간 교류한 문학인과 가족, 친지를 초청한 가운데 독자와 만남 행사를 화기애애하게 가졌다. 80여 년 일생 동안 교육과 인문학, 사회봉사에 전념한 변 작가의 수상집 '행복의 여백'에는 그간 살아온 시절에 대한 이야기를 담담하게 그려냈는데 애틋한 가족이야기와 교육단상, 작가로서 문학활동, 대저지역 문예활동을 하면서 느낀 일상들이다.

독자와 만남 행사는 1부 사회 양동길 극작가, 2부 사회 김우영 작가의 진행으로 열렸다. 여는 무대는 김우영 작가와 서재석 기타리스트의 미국 벤쳐스악단의 '파이프라인'과 '장고' 명연주곡이 환상의 콤비를 이루면서 봄의 왈츠를 연출했다. 이어 한국문화해외교류협회 설경

분 낭송가가 변상호 저자 약력과 축시낭송으로 독자들에게 변상호 극작가의 그간 살아온 여정을 소개했다. 이날 변상호 극작가의 제자인 박성효 전 대전광역시장이 무대와 나와 초등학교 은사님이던 변상호 극작가를 회상하며 재학시절 글짓기를 가르쳐 주시어 고맙다는 인사를 하여 눈길을 끌었다. 서평은 사단법이 문학사랑협의회 리헌석 이사장(문학평론가)이 "순수하며 감동으로 점철된 책"이라며 추천하기도 했다.

제2부에서는 대전중구문학회 운영위원장인 한진호 시인이 하모니카를 연주하여 지난 추억의 향수를 자아냈다. 이어 김선호 전 한밭대 인문대학장이던 김선호 문학박사의 덕담, 김용복 극작가의 50년 우정 이야기, 대전문인총연합회 김영훈 회장의 영원한 소년 변상호 교육동료, 김충남 대전인문학연구소 소장의 건강 덕담, 김완용 한국공무원문학회 회장에 축하 메시지가 이어졌다. 축하 시 낭송에 대전의 지봉학 낭송가와 신익현 시인의 절창으로 분위기를 높였으며 대전 '인생과 문학시대' 행정학장인 이종연 수필가의 가곡 '석굴암'을 감상했다. 양동길 국악인의 전통가락 장구와 함께 구수한 판소리로 객석의 흥을 돋우었으며, 김우영 작가와 서재석 기타리스트의 기타반주에 맞추어 합창을 하며 행사를 마무리했다.

3월 7일 대전시민대학에서 '행복한 여백'이라는 수상집을 출간하고 독자와 만남 행사를 가진 변상호 극작가는 대전 원동초등학교와 한밭중학교, 대전사범학교 졸업하고 교단에 투신 33년의 교직생활을 마쳤다. 변작가의 문단활동은 대전문학사랑협의회, 한국문인협회, 대전문인협회, 대전문인총연합회, 대전펜문학, 대전아동문학회, 한국공무원문학협회 이사, 한국아동문학연구회 이사, 세계환경문학협회 상임고문, 한국문화해외교류협회 및 대전중구문학회 자문위원, 중도문학

운영위원장, 늘푸른예술단장, 솔바랑시낭송회 감독, 교육가족연합회 상임대표, 한국글짓기지도회 부회장, 다산학당 목민회 고문, 외솔회, 대전한글사랑 모임, 더한힘연구원 정강사 등으로 왕성하게 활동하고 있다.

첫 수필집을 내고 시민대학 대강당에서 출판기념회를 하다

정의사회·교육혁명 향한 老작가의 외침

"행복은 찾아가야 만납니다. 동반자로 함께 삽시다"

37년생, 82세 고령이지만 영원한 소년, '충청지방의 방정환'으로 불리는 늘샘 변상호 대전어린이문화진흥회장이 정의사회와 교육의 혁명을 외치며 노작가(老作家)의 목소리를 담아 수상집 '행복의 여백'을 펴낸 뒤 한 말이다. 변상호 회장은 "그동안 여러 곳에 발표했던 글을 한데 모아 수상집 '행복의 여백'을 출간하고 늦게나마 문우(文友)들과 나눌 수 있어 행복하다"고 말했다.

책 제1부는 '지락(知樂)이 행복', 제2부 '창의예술과학', 제3부 '한국교육가족', 제4부 '아동극본', 제5부 '변상호의 작품세계' (박순길-아이들이 찾는 정의의 세계 '갈 수 없는 나라'를 중심으로, 김영훈-영원한 소년, 변상호 동극작가의 삶과 문학)를 담았다.

변 회장은 이 책을 펴내면서 "어린 시절의 벗들은 만날 수 없으나 사범학교 동문, 60년대부터 만난 사우(師友)들과 문우(文友)들을 자주 만나니 행복하다."고 말했다. 한편 변 회장은 1937년 전북 진안 출생으로 대전삼성초등학교 등에서 33년간 교사생활을 했고 평생 문단활동을 하면서 대전새교육공동체협의회장, 대전 100주년 기념사업회 수석부회장, KTX 서대전역 경유 시민운동 공동대표, 국립대전사범학교 총동문회장, 한국교육가족연합회 상임 대표, 주논개 애국열사로 모시기 운동 대표 등 다양한 시민사회단체 활동을 왕성하게 해오고 있다.

저서로 동극집 〈어린이공화국〉 등 공저 3권과 수상집 〈행복의 여백〉 등이 있다.

변상호 극작가, 임채원 시인 〈자랑스런 대한민국 시민 대상〉 수상

변상호 수상집 〈행복의 여백〉

원로 문인이자 예술가인 변상호 선생이 수상집 「행복의 여백」을 발간하였다. '행복은 찾아가야 만납니다.'라는 철학으로 작가의 내면이 오롯하게 담긴 책이다. 수상록, 칼럼, 아동극 등 다양한 글을 모아 발간한 이 책은 산수(傘壽-80세)를 넘긴 작가의 진솔한 고백이다.

'정의사회, 교육혁명을 외치는 노작가의 목소리'라는 부제가 붙은 이 책은 서문에서 선생은 다음과 같이 '발간 의의'를 밝히고 있다.

〈한밭대학에서 수통골문학회, 시민대학에서 시삶문학회, 인문연구소에서 인생문학회(人生文學會), 대전사범총동문회에서 한국교육가족연합회, 문우(文友)들과 출판기념회, 콘서트, 시낭송극, 공연도 하니 살맛납니다. 그동안 여러 곳에 발표했던 글을 한데 모아 수상집 「행복의 여백」을 출간, 늦게나마 문우(文友)들과 나눌 수 있어 행복합니다.〉 행복 바이러스를 나누고 싶은 분은 변상호 선생의 수상집 「행복의 여백」의 독서를 권한다.

사랑의 편지

변상호 선생님께

라디오 방송을 통해서 선생님의 얘기 잘 들었습니다.

'북치는 소년'이라는 글을 쓰신 적이 있다는 제자의 얘기를 들었지요.

늘 원고지 칸을 메꾸는 입장에 있는 저로서 동질감을 느꼈습니다.

첩살이 책을 우송하오니 열심히 읽어주세요.

1990. 5. 15

이미숙(올림)

변상호 선생님께

선생님 안녕하십니까?

편지와 '하늘에 닿는 논개의 절개'-이야기가 있는 시낭송-과 제9회 대전문화축제(효문화 뿌리축제)와 '사회개혁의 길' 대전문학칼럼을 받아 보면서 그리고 논개를 애국열사로 모시자는 제안서와 건강행복찾기에 대한 자필로 된 글들을 읽으면서 대단한 열정과 에너지가 파도처럼 밀려오는 듯한 느낌을 받았습니다.

옥미조 원장이 낸 '순회치유연구' 36호에서도 선생님의 글 있었습니다. 참 어려운 시기가 있었는데 훌훌 털어버리고 이리 긍정적이고 박력있게 앞장서 활동하시는 모습을 보면서 먼저 큰 응원의 박수를 보냅니다.

생각 같아서는 행사에 가 보고 싶었는데 이런저런 일로 지나쳐 감사 글을 올립니다.

모쪼록 하에는 선한 일들이 알차게 좋은 결실을 맺도록 기원드립니다.

늘 건강하기 바랍니다.

2017. 9. 08

박성배 드림

〈최우수상〉

존경하는 선생님

대전문창초등학교 2의5 **이진효**

1학년 때 우리 선생님 성함은 변상호 선생님이시다. 내가 부산에서 학교 다니다가 대전으로 전학 와서 문창국민학교에 엄마와 갔을 때 우리 담임선생님은 어떤 분이 되실까 궁금했었다. 그런데 운동장에서 체육을 마치고 들어오시는 변상호 선생님을 처음 뵙게 되었다.

나는 여선생님이 담임선생님이었으면 싶었는데 남자 선생님이셨다. 몹시 서운했다. 그러나 할 수 없다고 생각하면서 학교에 다녔다.

그러나 변상호 선생님은 일기를 매일매일 꼭 쓰라고 말씀하셔서 나는 일기 쓰는 법도 잘 모르고 글씨도 다 몰라서 일기 쓸 때마다 울고 엄마에게 신경질을 내고 화를 내었다. 엄마가 안 계시는 날은 일기를 잘 쓸 수가 없어서 울다가 지쳐 잠든 적도 있었다.

일기 쓰기가 싫고 겁이 많이 났다. 그러나 엄마가 자세히 가르쳐 주시고 틀린 글자를 고쳐 주셔서 조금씩 좋아하게 되었다. 그렇지만, 내가 일기 쓰기를 더 좋아하게 된 이유는 변상호 선생님께서 우리반 친구들의 일기를 하루도 빠짐없이 검사를 하시고 '잘 썼습니다'고 쓰시든지-특히 잘 쓴 구절 밑에는 빨간 색연필로 표시를 해주시고 특히 더 잘 쓴 사람은 변상호 선생님께서 여러 어린이에게 읽어주시기도 하셨다. 나의 일기를 여러 번 친구들 앞에서 읽어 주셔서 처음에는 부끄러웠지만 차츰 자신감이 생기고 일기 쓰는 것이 즐겁기까지 하였다.

2학년이 되고 담임선생님이 바뀌었어도 하루도 빠짐없이 쓰고 있다. 이렇게 되기까지는 변상호 선생님께서 우리들의 일기장을 매일 봐 주시고 지도해 주신 결과라고 생각된다. 그래서 변상호 선생님을 나는 존경하고 있다.

그리고 변상호 선생님께서 입원을 하고 계실 때는 우리들의 일기를 봐 주시지 못하셨는데 퇴원하시던 그 날 바로 우리들의 지난 일기까지도 모두 검사해 주시던 그 선생님의 지극하신 정성이 고맙기만 하다. 그래서 나는 1학년 때 가르쳐 주신 변상호 선생님을 존경한다. 그런데, 내가 2학년이 되어서 생각하니 일 년만 더 우리 담임선생님이 되셨으면 '나의 글 솜씨가 훨씬 더 좋아졌을 텐데……' 하는 생각이 자꾸만 든다.

앞으로도 일기를 빠뜨리지 않고 계속 써서 습관이 들게 하겠다. 일기뿐만 아니라 동화책과 동시, 동요 또 책도 많이 읽어서 독후감도 많이 써야겠다. 독후감을 많이 모아 두었다가 변상호 선생님께 보여드리고 지도를 받고 싶다. 변상호 선생님이 4학년 3반을 맡으신 후 복도에서 선생님을 가끔 뵙게 되는데 항상 고맙고 존경하는 마음이 앞선다.

선생님 선생님, 변상호 선생님

1학년 때 우리를
잘 가르쳐 주시고

매일매일
일기 검사
해주셨던 선생님

한 사람 한 사람
60명 일기
모두 읽으시고
틀린 글씨
고쳐 주시고
잘 쓴 구절
붉은 색연필로
밑줄 그어 주시던
세밀하신 선생님

잘 쓴 일기
하나하나
친구들 앞에서
소리내어 읽어 주시던
고마우신 선생님

퇴원하고 오셨어도
밀린 일기
하나하나
검사해주시던
세밀하신 선생님

그래서 나는
선생님을 존경합니다.

한영 작가에게

하루 종일 기다려도 편지 한 통 전화 한 번 안 오고 편지 할 만한, 전화 걸 만한 친구도 없네요.

소설이나 영화나 아슬아슬하고 반전과 역전이 있으면 흥미진진한데 작가님의 자서전, 수필집을 읽으며 아름다운 환상에 빠졌습니다.

살아온 얘기, 자서전이 얼마나 값 있는 글인지 새삼 알았습니다.

새로운 한반도 노랫말도 좋았고, 시인들이 노랫말 쓰기에 많이 참여하고, 작곡가와 손을 잡으면 얼마나 좋을까요?

다양한 경험을 소재를 재미있고 유익한 글 많이 쓰시고 늘 건강 행복하소서.

2016. 12 .9

스승의 날 기념행사·교육문화대상 시상식

한밭대학교 명예교수, 시인 김선호

이석구 관장, 김선호 명예교수
김종욱 원장, 옥미조 거제민속박물관장 네 스승 수상

한국교육가족연합회 변상호 상임대표는 우리나라가 경제대국이 된 것은 인재들을 육성한 스승의 공이 크기에 네 분의 스승에게 상을 주게 되었다고 밝혔다.

이석구 금산문학관 대표작자는 홍명학원을 설립, 40여 년간 요리, 미용 등 4만여의 인재들을 육성한 공이 크고, 평생교육원에서 문예발전에 공헌하였다. 김종욱 한국리더한힘연구원장은 15년 동안 4,800여 명의 리더들에게 자신감과 잠재력을 키워준 공이 크고, 옥미조 거제민속박물관장은 순리치유연구소 등을 설립, 10여만 명의 환우들의 건강을 회복시켜주고 세계 으뜸의 의학연구와 저서 500여 권을 발간한 공이 지대하여 상을 탔다.

김창수 전 국회의원, 다산학당, 도시공감연구소장, 서성해 효행청소년단 총재, 구항오 전 서천교육장의 축사와 이건호 충청교육신문대표 등 30여 명이 축하해 주었다.

변상호, 임채원 두 시인이 2018 자랑스런 대한민국 시민 대상 문화예술분야에서 공을 인정받아 수상했다.

2018 자랑스런 대한민국 시민 대상이 지난 27일 오후 2시 서울 백범 기념관에서 수상자와 관계자들 500여 명이 참석한 가운데 성황리에 열렸다. 이번 시상식은 2018 자랑스런 대한민국 시민 대상 조직위원회(대회장 이용도)가 주관하고 대한민국 언론인연합회(대회장 하정태)가 주최했다. 의정, 행정, 문화예술, 방송, 과학 등 평소 남다른 사명과 확고한 국가관으로 타의 귀감이 되는 이들을 추천 받아 사회발전에 기여한 공로자들에게 수상했다. 변상호 극작가·시조시인은 문화예술분야에서, 임채원 시인은 성명학 공을 인정받아 수상했다. (김선호시인)

*변상호 작가는 2018년에 세계환경문학상, 충청문학상, 시조문학 신인상, 청소년육성공로 대전시장상, 더한힘 공로상 등을 받은 축복의 해이다.

한국교육가족연합회 상임대표 이름으로 2018년 5월 5일 스승의 날에 4분에게 스승상을 드렸다

'여든 한 살 소년'이 꿈꾸는 행복의 조건

변상호 수필집 '행복의 여백'

수상록, 칼럼, 아동극 등 작품 엮어 아동위한 교육의 나아갈 방향 제시

올해 여든이 넘은 그는 여전히 소년이다. 해맑은 웃음, 천진난만한 미소는 세월이 흘러도 그대로다. 평생을 아이의 마음으로 어린이와 함께 살아온 그의 삶을 보자면 문득 아동문학 보급과 아동보호운동만을 위해 인생을 바쳤던 방정환이 떠오르기도 한다.

대전을 순수한 동극으로 어린 꿈을 이루는 산실로 만들겠다는 꿈을 지닌 변상호 아동극작가가 수상록, 칼럼, 아동극 등 산수의 세월을 보내며 써 내려온 글들을 모아 수필집 '행복의 여백'(도서출판 오늘의 문학사)으로 펴냈다.

1부 '지락(知樂)이 행복', 2부 '창의예술과학', 3부 '한국교육가족', 4부 '아동극본', 5부 '변상호의 작품세계' 등으로 구성된 책은 그가 생각하는 정의사회의 모습, 아동이 행복한 나라를 위해 교육이 나아갈 방향이 고스란히 담겼다.

변 작가는 "행복이라는 것은 알아서 오는 게 아니어서 직접 찾아가야 한다"며 "노작가(老作家)의 외침을 통해 독자들이, 문우(文友)들이

그 해답 앞으로 뚜벅뚜벅 나아갔으면 한다."고 바랐다.

변 작가는 1937년 전북 진안에서 태어나 대전사범학교를 졸업하고 대전삼성초에서 33년 간 교직생활을 보냈다. 문인의 삶을 시작하기 전 교단에 선 그는 교수·학습방법개선을 위해 노력한 참스승으로 살았다.

특히 그는 국어 교육에 관심이 많았다. 학교신문 발간을 위해 직접 등사판을 밀어 제작하고 이를 어린이들과는 물론 전국 초등학교 교사들과 공유하고 상호 교류했다. 글쓰기 입문기에 있는 어린이들을 위해 벌인 노력들은 지역에서도 어린이의 꿈과 희망을 다져온 이 시대의 참스승으로 그를 기억하게 했다.

1972년 문화공보부가 공모한 신인예술상 동극 부문에서 동극 '꽃자리 마을'이 당선되면서 본격적인 문인의 길을 걸어온 변 작가는 이후 대전새교육공동체협의회장, 대전 100주년 기념사업회수석부회장, 국립대전사범학교 총동문회장, 한국교육가족연합회 상임대표, 주논개 애국열사로 모시기 운동 대표 등을 지냈으며 지금도 사회 다방면에서 왕성한 활동을 펼치고 있다. (금강일보 이준섭기자)

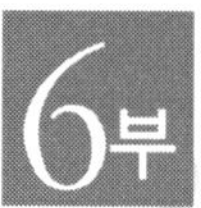

변상호의 작품 세계

1973년, 내가 72년에 등단하고 최초로 대전·충남아동문학회 창립을 발기하였다. 2018년까지 45년 동안 세미나도 하고 『푸른 메아리』 문집도 발간하였다.

〈시조〉

한살이

그대의 한살이를
자로 재면 얼마일까?

짧으면 어떠하고
늘어나면 어떠할까?

오로지
하늘의 별이니
눈물 받아 무엇하랴.

갈 곳을 찾아보다
그대 품에 머문다.

강물처럼 흐르다가
구름처럼 맴돌아도

그대는
방긋 웃으며
나를 향해 오시는가.

어느 스케치

세계에서 최고령은
브라질 할아버지

100살에 31세인데
60세 연하와 오순도순.

부럽다
말을 하기 전에
자기 자신 챙겨라.

우리나라 최고령은
122세 할머니

아들딸을 길렀지만
요양병원 신세 짓네.

자갈밭
눈물로 일군
그 세월이 허허롭다.

호박꽃 우리 집

달려오는 숨소리,
봄이 오는 소리 난다.

손바닥만한 텃밭에
퇴비를 뿌려두고

호박씨
두 알씩 심어
꽃도 보고 잎도 보리.

며칠 지나 새싹 돋아
한 뼘 두 뼘 자라면

나비도 찾아와서
온 집안이 환하다.

넝쿨이
울타리 올라
하늘까지 닿겠다.

〈변상호 시조 심사평〉

변상호 시인은 1959년에 명륜회 공모에서 논문이 당선되어 칼럼니스트로 출발한 뒤, 1972년에 문화공보부 공모에서 동극이 당선되어 극작가로 활동하는 분이다. 최근에 우리 겨레시에 관심을 집중하여 작품을 여러 편 빚어, 겸손한 마음으로 신인작품상에 응모하였다. 대표작 중 1편은 현실의 삶을 반영하여 정치지도자를 비판하는 정신이 건강하다.

점심때마다 아내는 / 급식소를 찾는다.
100원짜리 동전 하나 / 사랑 가득한 식판 받고
마음을 서로 나누며 / 행복하게 웃는다.

어느 날 TV에서 / 못 본 꼴을 보았다.
장관도 대통령도 / 10만원짜리 도시락
서민들 코스프레하며 / 금 빛깔로 채운 배.

허리띠를 졸라매어 / 애간장 끊어질 듯,
발품 팔아 아낀 1000원 / 가장도 눈물겹다.
높은 분 황금 입술이 / TV에서 어른댄다.
-「그래, 행복합니까?」 전문

장관도 대통령이 서민 코스플레(costume play의 합성어)를 하는 짓거리를 비판하는 작품이다. 아내는 100짜리 식사, 자신은 천원을 아끼려 발품을 파는 서민으로서의 울분을 삭이면서, 10만원짜리 도시락을 먹는 정치 지도자들을 대입시켜 시시비비를 가리는 비판의식이 오롯하여 당선작으로 선정한다.

심사위원

-김영수(시조시인, 대전시조시인협회장 역임, 대전문예대학 학장)

-리헌석(문학평론가, 사단법인 문학사랑협의회 이사장)

〈제105회 문학사랑 신인작품상 발표〉

-한국문인협회, 대전문인협회, 대전문인총연합회, 대전펜문학, 대전 아동문학회 등 회원
-한인현글짓기 지도상
-저서 「행복의 여백」
_〈문학사랑〉 105회 신인작품상 시조 부문 당선

[당선소감]

이 겨울, 여러 날 정말 추웠다.
꽃이 피는 봄이 오기를 기다렸다.
햇살을 찾아 양지쪽에 서 있어도 추운 것은 변함없었다.

춥고 힘든 내 마음속에 봄빛이 들어왔다.
신인작품상 당선 통보서였다.
다시 젊은 시절로 돌아가는 것만 같다.

매화 등걸에도 꽃이 핀다고 하였는가?
8순이 지나 첫 수필집 「행복의 여백」을 발간하였다.
벅찬 감격으로 잠이 오지 않았는데, 당선 소식도 마찬가지다.

뒤늦게 시작한 시조를 통하여, 내 마음에 자리 잡은 봄빛을 잘 가꾸련다.
우리 겨레시 '시조'를 열심히 쓰겠다.
손을 잡아주신 인연에 감사드리면서

최문휘 선생과 대전 아동극 활동

1972년 필자가 문화공보부 문예작품 현상모집에 응모하여 동극부문에서 당선되고 그 후 대전일보에 작품을 몇 편 발표하고 있을 때 최문휘는 대전시 원동 해월회관에 소극장 운동으로 접어들고 있었다. 1층과 2층을 사용하는 〈에리자베스극회〉는 1층에 사무실과 강의실을 그리고 2층은 소극장으로 사용하고 있었다. 처음부터 단막극의 공연을 시도하여 죠지고리 작 「탄갱부」, 최문휘 작 「사양」, 신관호 작 「그 마지막 것」 등을 공연하며 활기차게 출발하였으나 최문휘가 향토사에 따른 원고 청탁이 산적하면서 집필생활로 분주해지면서 소극장 운영에 소홀하게 되어 문을 닫았다.

그러나 이 시기에 그 바쁜 틈에도 청소년극 활동은 소홀히 하지 않고 대전시에서 시범을 보인 어린이극의 모체인 「동극서클」을 충청남도 전역의 각 초등학교에 확산시키는 데 정력을 쏟았다. 여기에 1972년 그 해에 청소년극 활동에 따른 권익 옹호의 필요성을 느끼고 한국아동극협회 충남지부의 결성을 보고 지부장에 최문휘, 부지부장에 김학옹, 유병수, 이사에 변상호, 민경선, 이용래, 이은석, 조성환, 최영선, 감사에 서영선, 정연홍 그리고 사무국장에 김팔주가 부임하면서 그동안 [에리자베스극회]에서 권장하던 아동극 분야를 별리하여 사업을 더욱 확대한다는 의도로 단체를 구성하여 사업 확대에 노력해 왔다. 전국에서 대전을 청소년극의 요람지로 조성한다는 목표 아래 각 초등학교 동극의 질적 향상을 도모한다는 뜻에서 각 학교 연극반 담당교사들의 강습도 시행했으며 서울에서 개최하는 전국학생극경연대회에는 매년 대전에서 5개교 이상을 참가시키며 우승을 꼭 획득한다는 뜻에서 노력도 많이 했었다.

1972년 한국아동극협회충남지부가 결성되고 그 후 명칭이 변경되어 한국청소년교육연극협회 충남지부로 존속하며 그동안 꾸준하게 전국학생경연대회에 참가하여 1988년까지 청소년극의 요람지로 불리게 된 대전의 청소년극은 사실상 대전을 제외한 다른 지역 연극인들의 부러움의 대상이었던 것도 사실이다. 그만큼 열성을 다 하는 중추적 인물이 있었기에 가능했던 것이 아닐까.

지금은 초등학교, 중학교 시절에 동극반, 연극반에서 또는 〈에리자베스어린이극회〉에서 그리고 고등학교에 재학하면서 서라벌모임극회 또는 에리자베스극회 부설 예술학원에서 연극 수업의 불꽃을 태우며 수련을 쌓고 연극에 입문했던 그 많은 사람들도 이제는 모두가 40이 넘었거나 회갑을 맞이하는 연극인도 있다.

세월은 그렇게 빠른 것일까. 대전상공회관 3층을 독점하고 그 넓은 강단에서 학교 수업이 끝나면 누가 빨리 오라는 말도 하지 않았는데 연습시간 전에 문을 차고 들어와서 대본을 들고 소리 높이 대사를 연습하던 그 단발머리들도 40을 훨씬 넘긴 50줄에 가깝다고 한다. 하기야 그들과 함께 연극을 동락했던 최문휘 선생이 회수인 팔순이 넘으니 세월의 무상함을 어찌 탓하랴. 그들은 그동안의 세월을 접으며 혹은 방송국으로 진출하여 유능한 아나운서로 등장한 사람도 있고 더러는 방송국 프로듀서가 되었지만, 최문휘 선생의 뜻에 따른 듯 이 고장의 연극 중흥을 위해 공헌하는 사람도 많은 것 같다. 그들은 중년기를 넘기고 노년기로 접어들면서도 연극의 잔치가 베풀어지는 날에는 공연장으로 몰려든다. 그리고 동행해온 30대 20대의 젊은 연극인들과 합석하고 지난날의 연극이야기를 하기도 하고 젊은 연극인들로부터 오늘의 우리 연극계 동향을 들으며 토론을 하기도 한다. 요즈음은 외국여행을 다녀오는 연극인들도 더러 있어서 그들로부터 미국이나 영국, 프랑스, 일본의 연극 동향을 들으며 우리고장의 연극예술의 방향을 토론하기도 한다. 그리고 더러 실험극도 시도해 보고 번역극을 공연하면서 우리의 것으로 승화시킬 대전연극의 방향을 토론하기도 한다.

연극계도 참 많이 변했다. 사실상 대전연극의 청소년극이 태동한 1960년대부터 오늘에 이르기까지 그 어려운 고비도 묵묵히 참아 견디면서 오늘의 대전 연극의 기틀을 조성한 서라벌모임극회나 에리자베스극회의 그 연극인들에겐 뜨거운 찬사를 보내야 한다. 여기에 최문휘 선생의 대전 연극에의 투지는 단연 으뜸이다. 그는 대전 연극의 미래를 내다 본 연극인이었다. 필자는 가끔 최문휘 선생을 생각할 때가 있다. 특히 어려울 경우에 봉착했을 때 그를 생각하게 된다. 그의 특성은 고난을 당할수록 강해지는 그의 성격을 나는 높이 사기 때문이다. 그 어려운 연극에 입문하고서 그의 주변에 모여드는 연극인들과 동고동락을 하면서도 힘든 일은 전담하고 대전 연극을 개척한 그의 공로는 누구도 부정하지 못할 것이다.

대전의 청소년극도 그가 조성한 연극이었다. 지금도 생각난다. 그가 꾸민 어린이극 「소라의 꿈」, 「한산섬 달 밝은 밤에」, 「정충신」, 「학다리」, 「어느 통지표 이야기」와 그의 희곡 「136초소」, 「용광로」, 「달걀의 선조」, 「풍차」, 「그 많은 한밤의 꿈을」 등. 얼마나 서정적이고 문학적인 내음을 풍기게 하는 작품이었던가. 그는 희곡 작품도 30여 편이 넘는다. 그 작품을 그를 따르는 연극인들과 꾸미고 공연을 하였기에 그 전승이 오늘날까지 계승되고 있는 것이다. 우리 연극계의 대범한 인물은 최문휘 선생이다.

변상호 아동극 평론

아동문학가 **김영희**

아동극은 육체적, 정신적, 사회적으로 성숙되지 않은 아동을 대상으로 사회화 과정에서 발생할 수 있는 모든 문제들을 소재로 삼아 정서적 흥미를 유발시켜 아동의 잠재적 능력을 발현시켜 성장을 돕는 것을 목표로 한다.

아동문학 장르 중 가장 취약한 부분이 아동극이다. 작가가 몇 안 되니 작품 역시 빈약하다. 60년도 말 시작된 아동문화운동의 일환으로 활발하게 시작된 아동극은 얼마 안 가 불씨가 사그라지고 만다. 72년도 최문휘를 중심으로 오청원, 변상호, 김병수, 김팔주 등에 의해 아동극을 새롭게 활성화해보려는 움직임이 있었으나 곧 한계를 드러내고 만다.

2017년 대전아동문학가 중 아동극을 하는 작가는 배경숙 작가도 최근 발표한 적이 있으나 변상호 작가가 거의 유일하다. 변상호 작품을 중심으로 고찰한다.

변상호는 1972년 문화공보부 현상모집에서 「꽃자리 마을」이 당선되어 활동을 시작한 작가로 1970년대 초등학교 아동극의 기초를 마련하였다. 변상호 아동극의 주제는 다양하게 나타난다. 국민교사였던 그는 당시 사회문제가 되고 있는 다양한 이야기를 교실에서 직접 아동극으로 올려 교육에 활용한 작품들로 70년대에서 80년대 그 시대의 문제들을 다양하게 아동극의 주제로 형상화하고 있다.

「꽃자리 마을」은 저축을 장려하는 근검절약 실천이 중요함을 알리며 왕골을 짜는 기술을 배워 가난을 극복하려는 주제가 담긴 아동극이고 「갈 수 없는 나라」에서는 가난으로 인해 가족과 함께 살지 못하고 해외 입양기관을 거쳐 낯선 해외로 입양되어 많은 어려움을 겪으며 살아가는 입양아의 문제를 다루며 세계 1위에 달하는 해외입양 문제에 대한 사회문제를 다루고 있음을 볼 수 있다.

한수 : (얼굴을 찡그리며) "이걸 보란 말야!"(헛발질을 한다)
연화 : "깜빡 몰랐네. 운동화가 터졌구나. 어서 벗으렴, 기워 줄게."
한수 : (벗어 던지며) "이런 건 싫단 말야."
연화 : "누나가 예쁘게 기워 줄게. 응?" (운동화를 줍는다)
한수 : "그럼 빵이라도 사란 말야. 누나 돈 있는 것 봤어."
연화 : "군것질하는 대신 저금하기로 했잖아? 엄마가 병원에 입원해서 나으신 것도 저축한 탓 아냐?"
한수 : "몰라, 몰라. 난 당장 새 운동화 신고, 빵도 먹고 싶단 말야. 알겠어?"
연화 : "아빠 오실 때까지만 참자. 아빠가 오시면‥‥"

—변상호, 「꽃자리 마을」 1막 부분

민재 : 우리나라 어른들이 버린 어린이가 유럽에만 4만 명이 설움받고 크는 걸 아시나요?

보라 : "너 일본사람이니, 중국 사람이니? 어디서 왜 왔니?" 놀림 받고 손가락질 받으며 기죽어 살 게 아녀요?

아버지 : 듣기 싫다. 어서 가거라. 가! (혼자 욕지거릴 한다)

지은 : (손을 비비며) 제발 보내지 마세요. 소원이에요.

보라 : 한 번 더 생각해 주세요.(빈다)

아버지 : (꽥 소릴 지른다) 어서 가지 못해? 뭘 안다구. 어서가!

—변상호, 「갈 수 없는 나라」 2장 부분

「연화의 노래」의 작품에서는 가치관 형성기에 있는 아동들에게 가난하지만 정직하게 살아야 한다는 참된 생활 태도를 갖도록 교육적 차원에서 만들어진 아동극이다.

선영 : 그래요. 그러나 모두 잘못을 깨닫고 주인에게 물건을 되돌려 줬으니 괜찮지요? 용서 받지요?

할아버지 : 아암, 나도 금반지 욕심이 났었지, 사람은 누구나 거짓과 욕심이 생기는 거란다.

연화 : 우리는 모두 어려워도 올바로 살기로 해요. 어른이 되어서도요.

선영 : 그래, 모두 약속하자.

소년 : 좋아, 좋아. 언제나 착하고 아름답게, 즐겁게 살아나가자.

(모두 모여 손가락을 걸고 약속한다.)

(이때 막이 내리고 꽃수레 노래 들린다.)

—변상호, 「연화의 노래」 1장 부분

「자연의 노래」 작품 역시 심각해지는 자연 파괴의 문제를 다루고 있는 작품이다. 편리하다는 점 때문에 마구 써 버리는 합성세제와 온갖 폐수나 폐유들이 환경을 파괴하고 그 오염된 물은 순환의 고리를 거쳐 결국 산과 들을 오염시키고 자연을 파괴하는 무서운 결과로 되돌아온다는 사실에 대해 정보제공은 물론 심각성을 일깨우고자 한다. 배기가스나 환경오염 문제로 자연의 먹이사슬이 파괴되어 결국 인간에게 돌아오는 재앙에 대해서도 정보를 전달해 분다.

아이1 : 지난해부터 소나무들이 떼죽음을 당하고 있어요.

-(생략)

아이2 : 폐수와 폐유를 그대로 흘러 보내는 사장들과 세차장, 운수업체 사람들 말인가요?

일꾼 : 저 강물 좀 보셔유., 푸른 강이 아니구, 검정 강물이 안 보이남유? 고기들이 떼죽음을 한 것을 모르시남유? 안보이남유?

순경 : (머리를 긁적이며 난처한 표정으로) 허허… 저, 그건….

아이1 : 순경 아저씨의 책임이 크셔요.

아이2 : 우리가 사는 지구는 지금 위급해요. 신음하고 있어요.

일꾼 : 아직 늦진 않았다는구만유.

순경 : 국민의 재산과 생명을 보호할 책임과 의무가 있는 나의 책임이 정말 큰데, 등한히 했구려.

아이1 : 우리 인간의 집인 지구가 모든 생물을 보살피고, 베풀건만…….

아이2 : 먹이사슬 하나 둘 끊어지고, 하나 둘 씨가 말라 간대요.

순경 : 온실 효과가 커져서 극지방의 빙산이 녹으면 바닷물 높이가 올라간다는구나.

-(생략)

순경 : 발전소의 연료와 자동차의 배기가스는 산성비의 주범이라

더구나.

아이1 : 산성비나 눈은 우리뿐 아니라 모든 동식물을 해친대요.

아이2 : 골치가 아프군요. 그런데 학교나 집에선 공부 잘 해서 의사나 판사나 박사만 되라고 하니…….

—변상호, 「자연의 노래」 부분

「오늘과 내일」 아동극에서 역시 환경문제의 심각성을 일깨우며 환경 파괴를 막기 위해 먹이사슬을 보호하려는 우리의 각성이 필요하고 마구잡이로 자연을 훼손하는 것을 막고 자연환경의 개선을 위해 폐비닐이나 건전지 등 재활용의 실천을 통해 날로 심각해지는 지구의 동식물을 지킬 수 있다는 내용이다.

까마귀 : 하여튼 한국인은 몸에만 좋다는 소문만 나면 굼벵이, 곰쓸개, 쇠뜨기풀 가리지 않고 뱀들까지 씨를 말리려고 해.

개구리 : 논에 사는 메뚜기는 농약 때문에 사라진 지 오래지.

소나무 : 우리들도 솔잎파리 병이 번져서 이렇게 죽어가건만 돌보질 않는다우.

청둥오리 : 개발이라는 이름 아래 호텔을 짓구, 석산을 채취하고 마구 파헤치니 큰일이야.

소나무 : 우린 인간에게 산소를 공급해 주건만 어쩌려고들 그러는지……. 이기주의가 탈이거든.

개구리 : 자연을 정복하고 이용하기 위한 인간의 노력은 끝없이 계속될 거야. 분리수거, 폐품 재활용동 못 하면서…….

까마귀 : 그것이 가져 올 재앙이 얼마나 무서운지 모르는 인간은 만물의 영장이 못된다고 봐.

-(생략)

청둥오리 : 제일 어려운 게 물고기들이지. 떼죽음 당하는 건 보통
이라고.

개구리 : 땅속에도 폐비닐, 빈병 동한 건전지 같은 게 그대로 묻히니 썩지도 않는데····

소나무 : 인간들이 불쌍하고도 밉다가 소름이 끼쳐.

까마귀 : 결국 지구촌의 동식물이 모두 죽게 되면 인간은 어찌 될까?

청둥오리 : 인간들도 끝장이지.

—변상호, 「오늘과 내일」 부분

변상호 작가는 몇 편의 시에서도 나라 잃은 시기에 절실했던 우리말의 소중함을 일깨우는 내용도 있다.

우리말 우리글 쓰면 벌서고
일본말 일본글 잘 쓰면 상 타고
이름까지 모두 일본말로 바꿔 부르고
한자로 썼던 그때를 잊었는가?

변상호, 「한자 타령」 시 부분

「얼빠진 영어 제2공용어」에서 영어를 공용어로 사용하자는 정부의 시책에 대한 문제제기도 하는 내용이다. 영어 배우기에 혈안이 되어 한때 조기유학 열풍에 대한 비판적인 입장을 밝힌 작품이다. 우리 언어보다 더 중요시하는 영어 사용에 대한 문제제기를 보여준다.

외국인 편의 도모 투자 촉진 위해
제주 지역 영어 제2공용어화
영어 쓰는 사람들 살판나고
모르는 국민 답답한 세상 되겠네.
-(생략)
필요한 사람 배울 만큼 가르치고
여러 나라 말 고루고루 알 만큼 알아야지.
우리말 우리 글 등한하면
주권 포기 식민지 되는 걸 모르는가.

—변상호, 「얼빠진 영어 제2공용어」 시 부분

세계에서 으뜸 가는 교육열
영어만이 상책인가.
조기 유학이 유행
이민 간다고 아우성.

—변상호, 「조기 유학 이민 유행」 시 부분

고찰한 바로 아동극의 주제는 다양하여 현실생활에서 그때그때 문제시 되는 내용과 소재를 교실 안에서 쉽게 아동극으로 올려 교육적 자료로 활용하고 참여하며 문제의식을 갖도록 하였다. 아동극을 통해 인간과 자연의 소중함을 인식하고 여러 풍부한 상식을 습득하여 자연과 인간이 함께 공존하며 살아가도록 교육하려는 의지가 담긴 작품들이 대부분이다. 이러한 작품들은 주로 교실에서 아주 간단한 준비로 극화할 수 있도록 작품이 쓰였다는 특징을 갖고 있다.

이상에서 살펴 본 바로 동시, 동화, 아동극에서 다양한 주제로 다문화 시대를 맞아 미래지향성 주제인 환경, 과학, 인간수명, 로봇의 발전 등의 미래 지향적인 주제를 담고 있는 작품이 아쉽게도 없었다는 문제점이 있다.

1) 동시

다문화 가족을 비롯해 사회현실, 분단으로 인한 민족의 모순, 갈등을 표현한 작품, 분단을 극복하고자 하는 정서의 표현 작품, 분단해소를 위한 내면적 가치를 부여한 작품을 고찰해 보고자 한다.

전영관은 많은 작품에서 감각적 이미지를 형상화하여 예술성 있는 작품들을 보여 주고 있다. 역사인식이 돋보인 작품도 있다. 국토가 분단된 후 더 이상 달리지 못하고 멈춰버린 철로의 모습을 통해 분단의 아픔을 노래한다. 극복해야 할 우리의 소임임을 간접적으로 드러내며 '죽어 누운 철마의 빈 뼈'가 긴 시간이었음을 감각적 이미지로 부각시키는 데 성공하고 있다.

녹슨 철로 위에
죽어 누운 철마의 빈 뼈를 지키기 위해
그렇게 오랜 세월 지친 가슴
빈 들판을 달려 온
바람으로나 달래려고
창문도 떼어내고 옷깃을 풀어 헤치고 서 있었구나.
-(중략)
이제는
누운 철마의 빈 뼈를 치워야 할 시간

—전영관, 「월정리 역에서」 부분

세월이 오래되어 앙상하게 드러난 빈 뼈와 철길을 겹쳐 이미지를 성공시키고 있다. 이젠 거두어 없애야 하겠다는 의지의 표현이다. 북으로 가는 열차표를 사고 싶다는 간절한 분단 현실을 극복하고자 하는 작가의 역사의식이 반영된 작품이다.

채정순의 「날개 달린 옷」에서도 자유가 없는 북녘의 어린이들에게 자유를 선물하고픈 작가의 마음이 드러나 있다. 통일의 당위성을 함께 품어 세상을 향해 함께 걸어가고자 하는 분단 극복에 대한 염원을 담고 있다.

내가 멋진
날개 달린 옷 있다면
얼마나 좋을까
훨~훨 날아
지구를 한 바퀴 돌며
재미있는 세상구경 다 하고
북녘 땅
아이들 업고
자유의 땅 대한에
사뿐히 내려놓고 싶어라

—채정순, 「날개 달린 옷」 부분

자유 없이 살아가는 북의 아동들에게 날개 있는 옷을 입혀 재미있고도 풍요로운 세상을 마음껏 보며 행복하게 살 수 있도록 해 주고픈 작가의 안타까운 마음을 드러내고 있다.

아, 달무리에 어리던 이야기들
부소산 산등성이에 철쭉 꽃눈으로 맺혀 있구나
버선발 사뿐히
따라오던 백제의 달이여
소리 없이 차오르는 둥그런 보름달로
역사의 강물을 거슬러 올라
백제의 하늘에 하얀 갈기를 세우고
다시 날아올라라
다시 한 번
황산벌 환히 밝히는 계백의 달이 되어라.

—이문희, 「백제의 달」 부분

이문희의 동시에는 기울어간 백제의 달이 다시 한 번 역사의 강을 거슬러 올라와 힘차게 되살아 왔으면 하는 바람을 감성적 이미지로 노래한다.

전영관과 채정순의 두 작품은 분단의 아픔을 극복하고자 하는 역사인식의 면모를 강하게 드러낸다. 전영관의 시에서는 간절한 마음을 드러내고 있고 채정순의 시에서도 이념의 갈등 속에서 죄 없는 아동이 고통으로 벗어나게 해 주고 싶은 간절한 마음이 배어 있다. 분단의 고통을 아프게 받아들이고 해결되어야 할 문제로 받아들이고 있는 것이다.

2) 동화

아동문학도 문학의 한 장르임을 인식하여 올바른 역사인식과 아동관을 바탕으로 한 문학성 있는 작품이 창작되어야 한다. 역사인식은 주로 김영훈의 동화에서 많이 감지되었다.

김영훈의 동화에서 보면 역사의 현장을 창작의 공간으로 끌어들여 지난 역사의 사건을 통해 우리가 무엇을 지켜나가야 하는지에 대한 역사인식을 일깨워 준다. 장편 환상동화 「바람과 구름과 달님」, 「할아버지별과 소년」, 「여섯 빼기 넷이면 하나이지요」도 좌우 이념의 문제를 다루고 있는 것이 특징이다.

> 6·25사변이라는 남북전쟁을 남들도 다 그랬지만 특히 아버지의 유년을 몽땅 앗아갔다. 아버지는 계속 연좌제의 틀 속에 소년기를 몸살하며 시달려야 했다.
>
> "너의 아버지는 사과 빨갱이였어? 그렇지 않으면 토마토 빨갱이였어?"
>
> 난리 통에 피를 튀기며 서로 맞섰던 집안인 남참봉집 손주들이 그리고 아랫마을 또래 아이들이 아버지를 그렇게 몰아붙였다고 한다. 따라서 아버지는 전후에 오랜 동안 전쟁의 그늘에서 가슴에 상처를 안고 살아야 했다. 그만큼 아버지가 유년을 살면서 가졌던 의식의 세계는 늘 좌우 이념이 그림자가 되어 업보로 진하게 따라 붙었다.
>
> —김영훈, 「화해론」 부분

또 다른 작품에서도 이데올로기의 희생물이 되어 가족과 친구 사이에서조차 좌우 이념의 대립의 골로 인해 병들어 갔던 아픔을 이야기 한다. 또래 아이들의 놀림을 받으며 수박 빨갱이가 되고 살과 빨갱이도 되고 토마토 빨갱이로 되어 살아온 초등학교 2학년 만 일곱 살 때의 아버지의 슬픈 이야기를 통해 시대적 상황 속에 갇혀 삶을 잃어간 사람들의 이야기를 보여준다.

> 조부는 유년시절 내내 진달래를 함께 꺾으러 다녔던 추억을 공유한 친구를 형의 원수라면서 두들겨 팼다. 함께 황새보 안에서 멱을 감고 다슬기를 잡았던 유년시절 세상이 바뀐 걸 확신하고 두들겨 팼다. 그것이 나의 조부 한봉수의 죄목이었다. (생략)
>
> "한 박사, 우리가 증오하며 또 미워하고 산 세월이 얼마여? 이유야 어떻든 자네의 큰 종조부도 자네도 역사의 수레바퀴에 깔려 버렸지. 그래서 다 밉고 야속하지. 살아 있는 연좌제에 걸려 좌파의 아들로 온갖 수모를 당했지만 그걸 이제는 다 용서해야겠어. 북녘에 벌써 수년간을 용서와 화해라는 이름으로 쌀을 보내고 비료를 보내고 있지만 말여. 그들이 전쟁만 일으키지 않았으면 자네 조부가 돌아가셨남? 한 박사 자네는 학자로서 이 역사를 규명해 주어야 혀."
>
> —김영훈, 「화해론」 부분

「화해론」에서 역사의 소용돌이 속에서 이념의 대립이 가져다준 상처에 대한 아버지의 이야기를 통해 역사 속에 한 개인의 삶이 어떻게 무너져 갔고 희생되어 갔는지를 보여주며 그것을 이제는 극복하고 서로를 용서하고 치유해야 할 시대적 책임으로 인식하고 있다.

3) 아동극

그 시대의 모순된 여러 문제들을 극화하여 교실에서 활용되었던 아동극 중 변상호의 작품 「행복한 우리들」, 「노래하는 별들」에서 역사의식이 보인다. 「행복한 우리들」에서는 국산품보다 일본 제품을 선호하고 경제적으로 침식되어 가는 문제에 대한 지각을, 「노래하는 별들」에서는 우리의 의지와 달리 형성된 분단에 대한 아픔을 이야기하며 통일에 대한 염원이 강렬하게 드러나 있고, 우리의 손으로 3·8선이라는 장애물을 걷고 그 자리에 꽃동산을 만들어 가깝고도 헤어졌던 가족과 만나 행복하게 살았으며 하는 작가의 의지가 드러나 있다.

선생님 : 우리 모두 깨어날 때란다. 일본문화와 경제로 벌써 쳐들어왔는데 우린 잠만 자고 있으니 걱정이야.

아이들 : 그래요, 선생님!

아이 4 : 일제 강점기에 한이 맺혀서 많이 불렀던 봉숭아 노래 좀 불러 봐요.

선생님 : 그래, 일제 강점기에 용감히 싸우셨던 선열들을 그리며, 함께 불러 보자.(봉숭아 노래 합창.)

—변상호, 「행복한 우리들」 3장, 부분

"선생님 38선은 도대체 누가 만들었어요. 그 원한의 38선 말예요."

날카롭게 내뱉어 버리는 것이었습니다. 눈물이 서린 눈방울을 굴리면서 말입니다.

-(생략)

"그럼, 분순이의 깊은 생각을 알고 있고 말구. 어서 가서 통일의 꽃동산을 완성하자. 38선도 휴전선도 없는 꽃밭을 멋들어지게 만들자꾸나."

선생님은 분순이의 손을 잡고 꽃동산을 향했습니다.

"우리의 소원은 통일, 꿈에도 소원은 통일, 이 정성 다 해서 통일, 통일을 이루자. 이 겨레 살리는 통일, 이 나라 찾는데 통일, 통일이여 어서 오라, 통일이여 오라-"

—변상호, 「노래하는 별들」 1막, 부분

분단이란 이름 아래
한 민족이 슬프게 헤어지고
한 겨레가 뼈저리게 아픔 겪고.

거리로는 가깝지만
마음으로는
먼 곳이 되어버린
지금

통일!
그날이 오면
가깝고도 먼 땅,
북녘 땅 밟을 수 있겠지.
슬픔과 기쁨
함께 할 수 있겠지.

—변상호, 「노래하는 별들」 2장, 부분

아동극은 주로 학교 교실에서 무대를 간단히 설치하고 교육 자료로 활용하는 탓인지 거의 모든 작품에서 표준어를 사용하고 있음을 볼 수 있다. 유일하게 「자연의 노래」 부분에서 '안 보이남유, 모르시남유?, 보셔유, 않았다는구만유'처럼 대전의 사투리를 사용하여 특유의 능청스런 어법으로 충청도 사투리의 멋을 보여준다.

> 아이2 : 폐수와 폐유를 그대로 흘러 보내는 사장들과 세차장, 운수업체 사람들 말인가요?
>
> 일꾼 : 저 강물 좀 보셔유, 푸른 강이 아니구, 검정 강물이 안 보이남유? 고기들이 떼죽음을 한 것을 모르시남유? 안 보이남유?
>
> 순경 : (머리를 긁적이며 난처한 표정으로) 허허… 저, 그건….
>
> 아이1 : 순경 아저씨의 책임이 크셔요.
>
> 아이2 : 우리가 사는 지구는 지금 위급해요. 신음하고 있어요.
>
> 일꾼 : 아직 늦진 않았다는구만유.
>
> 순경 : 국민의 재산과 생명을 보호할 책임과 의무가 있는 나의 책임이 정말 큰데, 등한히 했구려.
>
> 아이1 : 우리 인간의 집인 지구가 모든 생물을 보살피고, 베풀건만…….
>
> 아이2 : 먹이사슬 하나 둘 끊어지고, 하나 둘 씨가 말라 간대요.
>
> 순경 :온실 효과가 커져서 극지방의 빙산이 녹으면 바닷물 높이가 올라간다는구나.
>
> -(생략)
>
> 순경 : 발전소의 연료와 자동차의 배기가스는 산성비의 주범이라더구나.
>
> —변상호, 「자연의 노래」 부분

이상의 동시, 동화, 아동극 모두에서 고찰한 바 동시에서 전영관, 채정순, 이문희 작가에서 역사의식이 보였고 동화에서는 김영훈 작가에게서 많은 작품에서 나타났으며 아동극 역시 변상호의 극본에서 강렬한 역사인식이 담긴 작품을 찾아볼 수 있었다. 나라를 잃었던 아픔을 잊지 않고 우리말을 소중히 지켜가려는 의지나 분단으로 인한 민족의 모순과 갈등을 표현한 작품, 분단을 극복하고자 하는 정서의 표현 작품까지 적극적으로 담고 있음을 고찰할 수 있었다.

세종애민문화대상 영광의 시상식 열려

– 세종대왕 즉위 600주년을 기념하여 제정된 제 1회 시상식
– 애민정신을 실천한 교육, 문화예술, 사회공헌, 과학기술 부문

세종대왕 즉위 600주년을 맞아 그의 정신과 업적을 기리고자 마련한 제1회 세종애민문화대상 시상식이 2018년 12월 27일 오후 2시에 서대전컨벤션웨딩홀에서 설동호 대전시교육감, 박용갑 대전 중구청장, 장종태 대전 서구청장, [illegible] 금강일보 회장, [illegible] 금강일보 사장, 리헌석 문학사랑협의회 이사장, 장시성 대전효문화진흥원장 등 각계 인사들이 참석한 가운데 성황리에 개최되었다.

금강일보와 MG대전서부새마을금고가 주최하고 한글(한국어)세계화운동연합대전본부(회장 김기복), 한국교육가족연합회(회장 변상호), 다산학당, ㈔온누리청소년문화재단이 주관한 행사는 교육, 문화 · 예술, 사회공헌, 과학기술 부문에서 애민정신 구현을 위해 노력한 20명에 대한 세종애민대상 시상과 축하 시낭송, 우리가락 공연 등 다채로운 프로그램으로 진행되었다.

변상호 부회장의 '선언'이 있은 후, 김기복 한글(한국어)세계화운동연합대전본부 회장은 대회사를 통해 〈우리 5000년 역사를 통틀어 가장 위대한 인물을 꼽자면 단연 한글을 창제한 세종대왕과 임진왜란을 승리로 이끈 충무공〉이라고 정리하며 〈세종대왕의 애민 정신을 현실에서 실천해 오신 훌륭한 분들〉을 현창하게 되었다는 점, 그리고 〈국제적으로 평가받고 있는 한글의 우수성〉을 강조하면서 시상식의 의미를 공표하였다.

이어 윤성국 금강일보 대표이사 사장은 환영사에서 〈이 자리는 위대한 성군 세종의 애민정신을 기리고 세계에 내놓아도 손색없는 우리 한글의 훌륭함을 재확인하고자 만든 자리〉라며 〈제1회 세종애민문화대상을 수상하시는 분들의 노력이 있었기에 이기주의, 개인주의로 물든 현대 사회가 차질 없이 잘 굴러갈 수 있는 것〉이라는 의미를 발표하였다.

이어 사단법인 문학사랑협의회 리헌석 이사장의 축사가 진행되었다. 〈오늘의 상은 지금까지 실천한 업적에 대한 평가와 감사의 의미를 담고 있으며, 앞으로 더욱 애민정신을 실천해줄 것을 기대하는 시상〉이라고 시상의 의미를 정리하였다. 이어 심사위원장 사재동 충남대학교 명예교수의 심사평이 있었는데, 김기복 변상호 김용복 한진호 심사위원들의 노고를 밝혔다.

제1회 세종애민 문화대상 수상자 명단은 다음과 같다.

#교육부문 - 설동호 대전광역시 교육감, 이창기 대전대학교 교수, 강헌규 공주대학교 명예교수, 박현숙 더한힘리더십연구원 원장, 박은경 미국 한글학교 교사, 이기순 호주 문학회장, 리길룡 중국 한글학교 교사, #문화예술 부문 - 문경훈 목수 시인, 나정임 연극인, 류환 행위예술가, #사회공헌부문 - 변평섭 원로 언론인, 김창수 전 국회의원, 장종태 대전광역시 서구청장, 박용갑 대전광역시 중구청장, 박정임 효부, 원용철 벧엘의 집 목사, 김호택 국제로타리 전총재, 배장우 자산종합건설 대표이사, 전제모 대전경제살리기 시민운동본부 상임대표, #과학기술부문 - 이상현 한국원자력안전기술원 책임연구원

시상을 마치고 축하행사를 진행하였으며, 관계자들은 모두 세종대왕 즉위 600년을 기념하여 시행된 제1회 '세종애민 문화대상' 시상식이 성공리에 마친 것을 감사하였다. 동시에 내년에 다시 제2회 수상자를 선정하여 시상할 것도 다짐하였으며, 보다 알차고 품위있게 시상식을 준비할 요량이라고 밝혔다.

– 김우영 본부장 기사, 사진 제공

김용복 작 · 이완순 각색 · 김기출 연출

청년들이여, 낙망하지 말라!

도산 탄신 140주년, 서거 80주년 기념 창작극

일시_ 2018년 12월 10일(월) 오전 9:40 | 장소_ 종촌고등학교 강당

극본 김용복

각색 · 도산 이완순

연출 김기출

예술감독 양동길

감수 김선호

자문위원 백상열 (대전 흥사단 대표)

자문위원 오영화 (전 흥사단 대표)

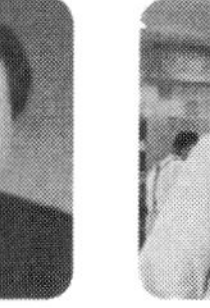

3대 시낭송(정원교, 임채원, 김윤서)

자문위원 변상호 (명예감독)

내레이션A 김무승

내레이션B 민효선

이등박문 마재준

상인A · 조선인 지봉학

상인B · 미국인 윤인백

찬양사역자 이미자

지유진 (한국의소리 보존회 대표)

홍명원 (춤마루무용단 대표)

송진숙 (화정무용단 대표)

이경숙 (대전시낭송가협회 회장)

강해인 (대전시낭송가 협회 총무)

김경숙 (대전시낭송가협회 회원)

홍석정 (대전시낭송가협회 회원)

나영희 (대전시낭송가협회 회원)

은희란 (한국낭송문학협회 회원)

영원한 소년

늘샘 변상호 제2수필집

발 행 일 | 2018년 12월 26일
지 은 이 | 변상호
발 행 인 | 李憲錫
발 행 처 | 오늘의문학사
출판등록 | 제55호(1993년 6월 23일)
주　　소 | 대전광역시 동구 대전로867번길 52(한밭오피스텔 401호)
전화번호 | (042)624-2980
팩시밀리 | (042)628-2983
전자우편 | hs2980@hanmail.net
카　　페 | cafe.daum.net/gljang(문학사랑 글짱들)

공 급 처 | 한국출판협동조합
주문전화 | (070)7119-1752
팩시밀리 | (031)944-8234~6

ISBN 978-89-5669-983-7
값 15,000원

* 이 책은 교보문고에서 eBook(전자책)으로 제작하여 판매합니다.
* 잘못 제작된 책은 바꾸어 드립니다.
* 이 책은 대전광역시 DAEJEON METROPOLITAN CITY 와 대전문화재단 에서 사업비 일부를 지원 받았습니다.